10 Lições Espirituais que Aprendi num Shopping

James F. Twyman

10 Lições Espirituais que Aprendi num Shopping

Tradução
SÍLVIO NEVES FERREIRA

EDITORA PENSAMENTO
São Paulo

Título do original: *Ten Spiritual Lessons I Learned at the Mall.*

Copyright © 2001 James F. Twyman.

Publicado originalmente pela Findhorn Press.

Todos os direitos reservados. Nenhuma parte deste livro pode ser reproduzida ou usada de qualquer forma ou por qualquer meio, eletrônico ou mecânico, inclusive fotocópias, gravações ou sistema de armazenamento em banco de dados, sem permissão por escrito, exceto nos casos de trechos curtos citados em resenhas críticas ou artigos de revistas.

O primeiro número à esquerda indica a edição, ou reedição, desta obra. A primeira dezena à direita indica o ano em que esta edição, ou reedição, foi publicada.

Edição	Ano
1-2-3-4-5-6-7-8-9-10-11	03-04-05-06-07-08-09-10-11

Direitos de tradução para o Brasil
adquiridos com exclusividade pela
EDITORA PENSAMENTO-CULTRIX LTDA.
Rua Dr. Mário Vicente, 368 — 04270-000 — São Paulo, SP
Fone: 6166-9000 — Fax: 6166-9008
E-mail: pensamento@cultrix.com.br
http://www.pensamento-cultrix.com.br
que se reserva a propriedade literária desta tradução.

Impresso em nossas oficinas gráficas.

Sumário

Introdução		7
1ª lição	Você nasceu preparado	17
2ª lição	Somos todos iguais	47
3ª lição	Nada realmente importa... qualquer um pode ver	63
4ª lição	A arte do egoísmo divino	82
5ª lição	A prática do que é verdadeiro	92
6ª lição	Para Deus não importa o que você faz... (e sim, quem você é)	101
7ª lição	A declaração de dependência	112
8ª lição	Não é preciso trocar nada	120
9ª lição	Deus é antes de tudo comum	128
10ª lição	O amor supera tudo	135
Agradecimentos		143

Introdução

INÍCIO DO RETIRO

Inicio hoje uma jornada diferente de qualquer outra que já fiz. Posso dizer que sou até certo ponto experiente em assuntos espirituais, mas este dia assinala um novo capítulo na minha vida, uma ousada variação das aventuras da minha juventude. Só agora, depois de longos anos de profunda meditação, viajando para conhecer venerados sábios de terras distantes, e depois de partilhar minha capacidade de percepção com milhares de postulantes sequiosos, só agora estou preparado para entrar nesse estranho labirinto. A busca desses sublimes ensinamentos sem essa bagagem de conhecimento poderia ter-me levado à morte, pois só agora estou em condições de evitar as possíveis armadilhas e tentações. Tenho certeza de que posso enfrentá-las. Se tivesse tido de realizar essa jornada na minha juventude, eu não saberia dizer onde teria acabado ou qual teria sido o meu destino. Hoje sinto-me preparado, e assim dou o primeiro passo para iniciar o meu retiro, abrindo as portas que levam aos sagrados corredores do local onde a minha jornada começa e termina — o shopping center.

    Antes de mais nada, como cheguei até aqui? Oakville Place, localizado a quarenta minutos de Toronto, parece um lugar estranho para iniciar esta odisséia. Sou mais conhecido pelas minhas viagens a lugares de conflitos, como Bósnia, Iraque, Kosovo e Irlanda do Norte, onde falei em favor da paz e aprofundei meus métodos e minha capacidade de percepção espiritual. Escrevi livros sobre essas importantes iniciativas, fiz palestras por todo o mundo e realizei concertos em catedrais e teatros locais. Não sei dizer se esta nova fase, que hoje se inicia, é um passo à frente ou um passo para trás. Afinal, eu detesto centros comerciais... sempre detestei. Já fiz longas caminhadas tentando evitar essas paredes e para me esquivar da sedução de seu odor perfumado. Ao mesmo tempo, parece que não sou diferente daqueles que ali foram antes de mim, todos os milhões de compradores que, no mundo inteiro, enfeitam os corredores dos centros comerciais. E foi precisamente por essa razão que decidi passar ali certo tempo; afinal, é assim que nos provamos a nós mesmos. Devo estar disposto, pensei, a mergulhar no lugar ao qual a minha resistência é mais elevada, pois é aqui, no ramo mais distante do tronco da árvore, que estão as grandes lições.

    Ouvi esse chamado há muito tempo. Aos dezoito anos, um mês depois de ter concluído o segundo grau, decidi abandonar o mundo dos desejos terrenos e ingressar em um mosteiro. Eu fora educado sob um rigoroso código irlandês que determinava uma única opção para uma criança propensa aos domínios espirituais e atraída por eles — o sacerdócio. Ainda hoje minha mãe lamenta o dia em que, um ano e meio depois, deixei aqueles sagrados corredores, como se ela tivesse de algum modo falhado com o seu filho, com a sua família e com Deus. Afinal de contas, uma mãe como a minha mede o seu valor por um padrão que deve parecer estranho e incomum para a maioria... pois no final só uma coisa importa — dar pelo menos um dos seus filhos à Igreja. E até hoje o dia no qual me tornei candidato à ordem dos capuchinhos está gravado de modo positivo na minha mente. Guardo na memória o momento em que abri aquelas portas maciças e fui saudado pelos outros irmãos. Recordo-me de me levantar pela manhã e me juntar à comunidade para as orações matinais e para a missa. Lembro como me sentia feliz ao tomar as minhas refeições no pungente silêncio do refeitório dos monges, pensando que havia encontrado a minha vida, o meu objetivo e as respostas a todas as perguntas que sempre desejara fazer.

Como eu poderia saber que a minha vida haveria de mudar tão drasticamente? E ainda assim, uma coisa nunca me abandonou... a sensação do grande mérito de afastar-se do mundo e entrar em um retiro espiritual. O retiro pode ter lugar no campo, no deserto ou em algum lugar oculto e isolado, e sempre implica um período de silêncio, reflexão e estudo religioso. Quando o ritmo conturbado da minha vida exigia uma dessas pausas, eu iniciava a busca, que terminava invariavelmente em um lugar muito semelhante ao mosteiro onde teve início a minha jornada.

Até agora! Pois a porta que abri neste shopping center não poderia ser mais diferente das anteriores. Parei e fiquei segurando a porta aberta para duas mulheres que empurravam grandes carrinhos de bebês, freguesas assíduas deste e de todo centro comercial. Quando finalmente ingressei neste ambiente de iluminação artificial, música suave e presumida confiança, soube que minha jornada espiritual havia começado. Tão logo superei o preconceito inicial, compreendi que aquele era o lugar perfeito para que eu começasse a descensão... ou a ascensão pessoal, o que quer que fosse.

Um retiro como este desafia os valores mais fundamentais da vida de uma pessoa, e compreendo que, até agora, eu simplesmente arranhara a superfície. Afinal, os retiros que fiz foram muito fáceis para mim. Sempre tive sucesso na atmosfera suave do espírito e da alma, quando o tempo todo era aqui, num shopping center, que estava o meu grande desafio. Se eu quiser quebrar os grilhões finais que prendem minha vida à mediocridade, devo buscar o ambiente onde eu me sinta menos em casa. Só assim as sombras do meu subconsciente surgirão diante de mim para que eu possa enfim superar o que teria arruinado a minha alma. Se eu puder resistir a essa maré enquanto ela passa impetuosamente pela minha vida, então, e só então, provarei o meu valor. Que lugar mais sagrado, mais grandioso, mais autêntico eu poderia escolher para a minha jornada senão aquele que parece opor-se às minhas convicções — o shopping center?

"Sim", disse para mim mesmo, "isto é o que eu estava esperando. Peço a graça de abrir as minhas asas e voar através destes corredores artificialmente iluminados para cravar minhas raízes num chão onde sequer se pode encontrar terra. Se eu puder fazer isso, então tudo será possível."

INTRODUÇÃO

❖ ❖ ❖

"De onde você está falando?", perguntou Karin.

"Estou num shopping center distante do centro de Toronto", disse-lhe eu. "Você sabe que eu odeio centros comerciais, e é por isso que estou ligando. Tive uma idéia que preciso lhe contar. Este lugar parece ter despertado algo em mim."

Se naquele momento eu pudesse ter me transportado através do fio do telefone para dentro da cabeça da minha editora, tenho certeza de que ouviria algo assim:

"Ah, meu Deus, lá vamos nós outra vez. Daqui a dois dias, o catálogo da editora deverá estar pronto e ele quer mudar tudo... outra vez! O que posso fazer para que ele se mantenha fiel a uma idéia... para que encontre um tema e se dê por satisfeito com ele? Os outros livros não deram o menor problema. Ele apresentou uma proposta e até estabeleceu o prazo final. O trabalho atual, no entanto, parece mudar diariamente. O que será agora? O título? Ou o livro inteiro?"

"O que há de errado com o plano que você está seguindo?", perguntou ela quase aos gritos. "Eu gosto de tudo o que você escreveu até agora. Por que não..."

"Só que ele não está agradando a mim", disse eu. "É chato, e acho que estou com algum bloqueio. Toda vez que me sento para escrever, me dá um branco. Então venho para cá e tudo começa a fluir novamente."

"No shopping center?"

"Sim, de qualquer lugar... do shopping center. Fiquei sentado aqui durante toda a manhã, olhando as pessoas e as lojas à minha volta. Sabe, eu estava errado... o shopping center pode ser um lugar muito espiritual. Você só tem de olhar para ele da maneira certa."

"Se você vier com uma atitude negativa, tudo o que vê é o lixo comercial e as pessoas caminhando de um lado para outro como se fossem autômatos. Mude o foco de sua atenção e todo o resto muda também. É como estar participando de um retiro, como se eu estivesse de volta ao mosteiro ou algo assim. Todos são anjos que estão aqui para me ensinar a respeito de Deus, da verdade e da iluminação."

Parei por um momento e fiquei pensando comigo mesmo. Tenho certeza de que Karin pensava que eu havia perdido as estribeiras. Horas antes, eu podia ser visto caminhando de um lado para outro ao longo do corredor, da Sears num extremo até a The Bay, no outro, confuso e desorientado. Tudo isso começou como um mecanismo de defesa que me ajudou a lidar com o verdadeiro motivo pelo qual vim ao shopping center pela primeira vez. Uma semana antes, eu viera até aqui com a minha namorada procurar um anel de noivado. Vínhamos visitando diversas joalherias há vários dias, e quando chegamos à Raffi Joalheiros no Shopping Center Oakville Place eu estava prestes a ter um colapso nervoso.

Nesse momento, Peter, o jovem gerente da Raffi, foi de uma solicitude exemplar. Fiquei impressionado com sua habilidade no atendimento à minha namorada, Siri Rishi, mostrando-se uma pessoa determinada, sem deixar de ser flexível. O contrário teria sido fatal, pois uma pessoa tão segura de si como parecia ser o "amor da minha vida", exigia

• INTRODUÇÃO •

mais do que uma simples orientação. Deixá-la fazer o que quisesse, pelo menos no meu modo de ver, teria sido desastroso. Peter e eu parecíamos estar desenvolvendo uma forte conexão psíquica, como se ele pudesse ler os meus pensamentos e soubesse exatamente até que ponto eu poderia "dar linha" primeiro e depois, lentamente, de maneira quase imperceptível, rebobiná-la outra vez.

Ao deixarmos a loja naquele dia estávamos a um passo de uma decisão. Então, na manhã seguinte, retornamos com um sorriso confiante. Peter nos viu do fundo da loja e veio nos cumprimentar.

"Então, estão de volta", disse ele. "Isso significa que a busca chegou ao fim? Estão prontos para assumir um compromisso?"

Alguma coisa no modo como ele disse essas palavras abalou a minha estabilidade mental. Eu não estava preparado, logo pela manhã, para me defender, e deixei cair a minha guarda lentamente. Siri Rishi, por outro lado, abriu um sorriso e apertou a minha mão.

"Sim, acho que ele está", disse Siri para ele... ou para mim... não tenho bem certeza. "Quero dizer, estamos dispostos a lhe dar um adiantamento."

Foi uma boa saída da parte dela, e isso pareceu eliminar a pressão, mesmo que por um breve momento. O que tivéssemos de fazer, nós o faríamos juntos, como um casal, como duas pessoas profundamente apaixonadas. Eu sorri e deixei escapar um riso nervoso. Ela me olhou de esguelha para se assegurar de que eu ainda estava ao seu lado e aproximou-se do balcão.

Minutos depois o negócio estava fechado. Siri Rishi descreveu em detalhes como queria o anel, e Peter, como na tarde anterior, respondeu com extrema habilidade. Eu me limitei a observar, certamente enlevado com a cena, mas outra parte do meu cérebro se revolvia fora de controle, perdida em súbita névoa de estranha confusão.

"Está se sentindo bem, querido?", perguntou ela.

"Estou", disse eu enquanto recuperava a minha serenidade. "Estou ótimo."

❖ ❖ ❖

"Tem certeza de que está bem?", perguntou finalmente Karin, quebrando o encanto do meu devaneio.

"Estou, sim. Estou ótimo. Por que está me perguntando isso?"

"Bem, porque você parece não se decidir sobre o que vai escrever. Essa é pelo menos a quarta idéia que você teve, e, se quisermos incluí-la no próximo catálogo da editora, precisamos de algo concreto."

"A idéia do shopping center é boa", disse eu com demasiado entusiasmo. "Quero dizer: acho que este seria um modo novo de ver as coisas. Quando as pessoas precisam de um descanso ou querem fazer um retiro espiritual, geralmente elas vão para as montanhas, para um lugar ermo ou para um mosteiro, para orar durante uma semana. Eu decidi passar uma semana no shopping center e descobrir que percepções espirituais me ocorrem. Pense nisso... é muito original."

"Deixe-me ver se entendi direito. Você pretende passar uma semana num shopping center? E como é que...?"

"Veja por este lado", disse eu girando o corpo e quase me estrangulando ao enrolar o fio do telefone em meu pescoço. "Os mestres dizem que a iluminação não é uma mudança, mas um reconhecimento daquilo que nunca pode mudar. Entende o que eu quero dizer? Por que não encontrar a iluminação num shopping center? Ele está cheio de pessoas comuns, todas elas plenamente iluminadas, sem fazer a menor idéia do que seja isso. Que tal eu passar uma semana conversando com elas, observando-as? Pode-se experimentar a iluminação em qualquer lugar, não apenas sob uma Árvore Bodhi. Talvez um shopping center, por ser tão real, seja mais eficaz do que um *ashram*. Eu não estou fugindo do mundo, como você pode pensar. Estou me aproximando dele."

Mais uma vez... silêncio.

"Não estou bem certa", disse Karin. "Na verdade, essa é uma idéia maravilhosa... mas até certo ponto estranha. Desculpe perguntar... você está sob algum tipo de pressão? Você parece um tanto diferente, quase como se..."

"Tirasse proveito dela", disse eu impulsivamente. "Eu não teria uma idéia dessas se não estivesse em perfeito estado mental. Provavelmente, continuaria a escrever o enfadonho livro que já comecei. Mas isto é tão... é tão diferente... e maravilhoso. Por que não assumir seja qual for a neurose que estou vivendo e fazer com que ela atue em meu favor? Você sabe que algumas das maiores obras de arte tiveram origem em circunstâncias muito adversas."

"Está bem, mas você está num lugar distante de Toronto. O que vai fazer se acabar cortando fora a sua orelha ou fizer outra maluquice desse tipo?"

"Karin, não se preocupe. Estou totalmente sob controle. É verdade que essa história de casamento mexeu comigo, mas ele é uma coisa realmente boa. Nunca estive mais feliz. Só que vai levar algum tempo até eu me ajustar ao novo ritmo. Escrever este livro vai me ajudar nisso."

"Num shopping center."

"Isso mesmo, num shopping center. Por que não? Este é o equivalente moderno da praça da cidade ou da rua principal. É para cá que as pessoas vêm para fazer suas compras e participar de atividades sociais... não pessoas como você e eu... ora, você sabe o que eu quero dizer."

"Está bem, vá em frente", disse ela. "Mas desta vez não há volta. O catálogo vai para a gráfica em uma semana e, pelo que me consta, você está escrevendo um livro a respeito da descoberta da iluminação num shopping center. Ele precisa ter uma associação interessante com isso."

"Agora você está pensando como uma editora", disse-lhe eu. "Deixe por minha conta... O resultado vai ser ótimo... espero. Se não for, pode providenciar o meu internamento em algum hospital psiquiátrico."

Desliguei o telefone e olhei à minha volta. Uma mulher com um enorme carrinho de bebê quase me atropela; dois adolescentes passaram por mim olhando-me com desdém, e um homem que estava nas proximidades tentava consolar o filho de dois anos que acabara de deixar cair o sorvete no chão.

"Bem, vamos ao retiro", disse eu em voz alta.

1ª Lição

Você nasceu preparado

"Peter, como vão os negócios?"

Ele estava em pé atrás do balcão, no mesmo lugar onde eu o vira da última vez, precisamente atrás dos anéis de noivado com aqueles faiscantes diamantes que pareciam falar uma linguagem própria.

"Os negócios vão bem. Como vai você... Jimmy, é o seu nome, não é?"

"Boa memória", disse-lhe eu. "Mas é o mínimo que eu podia esperar de uma pessoa a quem acabo de entregar... quanto foi mesmo que me custou o anel?"

"O custo é circunstancial", disse ele. "Mas a satisfação é permanente."

Isso é que era resposta! Eu estava começando a gostar daquele rapaz, não apenas da sua filosofia de "comerciante honesto, cliente satisfeito", mas como alguém que poderia me ajudar no meu "retiro realizado num shopping center". Já que eu passaria os próximos cinco dias naquele lugar, precisava encontrar alguns aliados... companheiros com quem aliviar o meu espírito magoado, no caso de ele ser ofendido.

"Sim, acho que você tem razão", disse-lhe, caminhando na sua direção. "Satisfação... certo."

"Algum problema?", perguntou ele.

"Não, de maneira nenhuma. Estou bem. Estou ótimo." Era a terceira vez que eu dizia isso nos dois últimos dias. "Só que... bem, provavelmente você já deparou com isso dezenas de vezes. Não é que eu esteja preocupado com o meu casamento. Siri Rishi é maravilhosa. Ela é a melhor coisa que já me aconteceu. Mas, como você sabe, há uma diferença entre dizer alguma coisa a alguém e vê-la concretizada. Pedi a ela que se casasse comigo e ela aceitou. Até aí, tudo bem, certo? Depois, viemos comprar o anel de noivado. Você, sendo o admirável joalheiro que é, nos atendeu com todo o profissionalismo e nos orientou para a escolha certa. Então entreguei-lhe o meu cartão de crédito. Você o passou naquela pequena máquina e eu assinei o recibo. Tudo muito concreto, entende o que eu quero dizer? Eu não estou, de maneira nenhuma, mudando de opinião. Estou apenas tentando me ajustar à realidade."

"Você tem razão", disse ele no tom mais brando possível. "Já presenciei isso dezenas de vezes. Não há nenhuma novidade no que você está sentindo. Na verdade, você está três passos à frente da maioria dos homens. Pelo menos você está consciente do que está acontecendo. Em geral, os homens negam seus sentimentos, escondendo-os em algum lugar e permitindo que eles os devorem vivos. É melhor deixá-los vir à tona, quando se é capaz de lidar com eles, o que você certamente é."

Tive a sensação de ter entrado no gabinete do meu diretor espiritual, a primeira parada para alguém que está começando um retiro. Ele é a pessoa que está disposta a nos ajudar a atravessar os traiçoeiros pontos com os quais uma pessoa normalmente depara durante essa curta estada. Um diretor espiritual precisa ser firme como uma rocha, sábio como uma velha coruja e implacável como um inverno na Sibéria. Nem todas as pessoas são capazes de ter o equilíbrio perfeito que essa tarefa requer. Por um lado, a pessoa que faz o retiro precisa sentir a compreensão e boa vontade do diretor, mas o orientador deve também saber quando ajudá-lo a desempenhar as obrigações que são um pouco mais difíceis do que as habituais, superar as armadilhas e as dificuldades que poderão magoar o seu espírito. Um poderoso elo de confiança deve se desenvolver entre os dois; caso contrário, a pessoa que faz o retiro não sentirá a rede de proteção psíquica, um atributo tão necessário quanto uma cama confortável e um belo café da manhã. Peter seria o meu diretor espiritual, e ele não precisava saber disso.

"Obrigado pela sua confiança", disse-lhe. "Estou bem, realmente. Como todo o mundo, de vez em quando eu preciso respirar fundo e parar um pouco para pensar. Não, eu estou só brincando. Você conheceu Siri Rishi. Ela é maravilhosa, e sou muito feliz por ela ter-me escolhido."

"Você é... e posso dizer que ela o ama muito."

"Você acha? Bem, eu não tenho dúvidas disso. É o que me deixa tão tranquilo, tão contente. Então, como está ficando o anel?"

"Está ficando muito bonito. Estará pronto em cinco dias."

"Ótimo", disse-lhe eu. "No mesmo dia em que estarei terminando o meu... quero dizer, está ótimo."

"Você vai adorar esse anel. Como já disse, não é pelo dinheiro, mas pela emoção que você sentirá quando o entregar a ela. Venha cá, quero lhe mostrar uma coisa."

Caminhamos despreocupadamente até uma vitrine sob um *spot* muito forte. Peter introduziu uma chave na fechadura e curvou-se para abrir uma gaveta secreta. A luz iluminou o seu jovem rosto e fez com que ele ficasse parecido com um anjo... até que esfreguei os olhos e focalizei a imagem à minha frente. Então ele tirou algo da gaveta e aproximou-o para que eu o visse.

"Veja este diamante", disse ele. "Este será o diamante central do anel que uma mulher encomendou há alguns dias. Quer saber quanto vai custar este anel?"

"Quanto?", perguntei sem titubear.

"Sessenta mil dólares. Muito mais do que o anel que você comprou, certo? Eis a minha pergunta: você acha que essa mulher ficará vinte vezes mais feliz do que Siri Rishi? De jeito nenhum... eu garanto. Essa mulher está comprando o anel para ela mesma. Ele não lhe foi presenteado por um homem que está profundamente apaixonado por ela. E, mesmo que estivesse, só porque ele custa mais não significa que seja mais valioso. Talvez do ponto de vista de uma companhia de seguros, mas não é disso que estamos falando, certo? Quando você der o anel a Siri Rishi, embora ela mesma o tenha escolhido, a expressão do rosto dela valerá muito mais do que sessenta mil dólares, porque será um sorriso que você guardará na sua lembrança pelo resto da vida. O dinheiro não pode comprar uma lembrança como essa."

• 1ª LIÇÃO: VOCÊ NASCEU PREPARADO •

Ele abriu a gaveta e trancou outra vez o diamante no estojo. Depois ergueu-se, pôs ambas as mãos sobre o balcão de vidro e olhou-me nos olhos.

"Não há nada o que temer, você sabe. Você está se libertando de todos os seus receios neste momento, portanto não terá de lidar com eles no futuro. Além disso, o medo sempre existe... ele só precisa de uma saída de emergência, de uma situação como esta, que fará com que você se livre dele."

"O medo sempre existe", repeti.

"Sim, o medo sempre está presente. Portanto, não se preocupe com nada."

"Não vou me preocupar", disse eu, enquanto me voltava para sair.

"Talvez eu o veja novamente, Padre Confessor."

"Você sabe onde me encontrar."

❖ ❖ ❖

O diz-que-diz era verdadeiro. Eu estava me mudando para Toronto. Sem dúvida, essa era uma decisão óbvia. Siri Rishi era uma terapeuta de sucesso e Drew, seu filho de 14 anos, já tinha iniciado o curso médio. A idéia de nós três nos mudarmos para a Califórnia era tentadora. Principalmente para Siri Rishi, que odiava o inverno canadense, mas finalmente decidimos que seria melhor esperar que Drew concluísse o curso antes de atravessarmos a fronteira. Felizmente, minha profissão não exigia que eu morasse num lugar em particular. Na verdade, a idéia de termos uma residência fixa era em si uma mudança salutar. Havia certas questões legais que precisavam ser solucionadas, como o visto de permanência, mas isso não era problema.

Quando me sentei na praça de alimentação do shopping center naquele primeiro dia, compreendi subitamente que a adaptação seria mais difícil do que eu havia previsto. É um fato amplamente conhecido dos meus amigos que eu sou um viciado em café. No que me diz respeito, isso não é um motivo para preocupação, uma vez que há muito tempo abandonei todos os vícios perniciosos que poderiam causar danos maiores. Aceito o que dizem os meus amigos mais cuidadosos com a saúde de que o café prejudica isto ou aquilo... mas, afinal, uma boa xícara de café do Joe me dá muita satisfação, e isso parece contrabalançar os possíveis efeitos maléficos.

Sou também um tanto exigente no que diz respeito ao café. Se alguém fosse fazer uma avaliação geral da minha personalidade, tenho certeza de que descobriria que sou uma pessoa tranquila, tolerante, que acompanha as mudanças e enfrenta as adversidades. Isso é verdade em quase tudo que não diga respeito a café. Sou conhecido por expressar a minha insatisfação no caso de me ser impingido um café de marca inferior. Uma coisa é parar num posto de gasolina, quando se está dirigindo por estradas ermas e não encontrar outra opção. Essa decisão é tomada para prevenir uma necessidade urgente de cafeína, não para satisfazer um desejo ardente "de uma bebida de boa qualidade". Mas se estou numa cafeteria, o tipo de lugar que exibe uma reluzente cafeteira de cobre de *cappuccino* em todo o seu esplen-

• 1ª LIÇÃO: VOCÊ NASCEU PREPARADO •

dor, então espero um café pelo menos cinco ou seis vezes superior ao das marcas dos postos de gasolina. Eu não acho que isso seja pedir demais.

O Canadá é um país maravilhoso e tem muito a oferecer além de um bom café. Até a Tim Horton's, a cadeia de lojas de rosquinhas que se pode encontrar em toda parte, prepara uma bebida aceitável. Na falta de coisa melhor, a Tim Horton's não é uma má opção. Mas ela não substitui a Starbuck's, e o mesmo se aplica a outra popular cadeia de cafeterias, a Second Cup. E aqui estão elas, bem à minha frente. Não distam mais de cem metros uma da outra — Tim Horton's e Second Cup. Serão cinco dias difíceis.

Mas eu não queria ser preconceituoso. Estou em retiro, pensei comigo mesmo, e isso requer tolerância e um coração indulgente. Era melhor abordar a situação com uma atitude positiva e, quem sabe, no final valesse a pena.

Caminhei despreocupadamente para a Second Cup e fiquei diante do apreensivo homem no caixa. Ao olhar para ele, conclui que ele administrava aquela loja. Aparentava cinqüenta anos e tinha uma incrível semelhança com William H. Macy, o bizarro vendedor de carros do filme *Fargo*. A princípio ele nem notou a minha presença; por isso pigarreei para chamar a sua atenção.

"Ah, desculpe", exclamou ele, dando um salto para trás. "Não quis assustá-lo", disse eu. "Eu só queria..."

"Não tem por que se desculpar, eu estava divagando. Não é coisa recomendável quando se está no caixa, eu sei. Mas de vez em quando... Desculpe, o que o senhor deseja?"

"Quero um café expresso grande com um pouco de leite."

"Um expresso grande", repetiu ele, enquanto anotava o pedido na caixa registradora. "O senhor quer um pouco de creme ou espuma de leite?"

"Um pouco de creme, por favor."

"Muito bem... um pouco de creme."

Paguei e ele me deu o troco. Era uma loja pequena, e o único outro empregado, uma jovem, parecia estar enchendo as latas de café em grão na parte de trás.

"Lugar agradável", disse a ele por cima da máquina de *cappuccino*.

"O que disse?"

"Não se incomode", disse eu. "Não sou daqui, portanto este lugar é novo para mim... Quero dizer, a Second Cup. Espero que..."

"Desculpe, não consigo ouvi-lo por causa do barulho da máquina", disse ele, piscando os olhos, como se isso pudesse ajudar. Ele acabou de preparar o café e o passou às minhas mãos. "O chocolate e a canela estão bem aí à sua frente, e o açúcar na prateleira ali atrás."

"Obrigado", disse eu, enquanto caminhava para a prateleira e punha duas colheres de açúcar na xícara. Notei então que o recipiente que normalmente contém as colherinhas de plástico estava vazio.

"Tem aí uma daquelas colherinhas de plástico?", perguntei. "Parece que as daqui acabaram."

"Puxa, veja só isso", disse ele, como se tivesse quebrado uma das mais importantes regras que aprendera no treinamento de preparo do café. "É difícil manter essas coisas em ordem. Seria ótimo se *outras pessoas* também notassem isso."

Ele elevou o tom de voz ao dizer essas palavras, voltando a cabeça na direção de sua funcionária. Ela pareceu não ouvi-lo.

"Lugar agradável, este aqui", repeti. Ele me olhou como se pensasse que eu estava zombando dele; depois o seu rosto serenou e ele sorriu.

"Bem, obrigado. Mas não tanto, se comparado ao Tim Horton's logo ali. Eles servem um bom café por um preço menor, e assim as pessoas não se dão ao trabalho de gastar duas vezes mais por um sabor especial."

"Sim, mas o senhor tem a máquina", disse eu.

"O que quer dizer?"

"A máquina de *cappuccino*... eles não têm uma dessas."

"Fico imaginando o dia em que eles instalem uma... então estarei em apuros."

O Homem do Café, como comecei a considerá-lo, voltou-se e caminhou por trás do balcão para atender um novo cliente. Sorri enquanto ele se afastava e tentei adivinhar que papel ele desempenharia durante os cinco dias do meu retiro. Tínhamos algo em comum, como alguém que você encontra entrando em um mosteiro ao mesmo tempo, e compreende que ambos estão ali pela mesma razão. Vi que ele fazia o seu próprio tipo de retiro. Nós nos veríamos de novo em breve.

❖ ❖ ❖

Na perspectiva de um autor, há poucas sensações piores do que caminhar para uma mesa no meio de um shopping center e ver uma pilha de seu último livro ao lado de um cartaz anunciando: "Qualquer livro com 90% de desconto." Na verdade, o cartaz quereria dizer: "A editora deste livro está tão irritada pelo fato de ele não ter se tornado um sucesso de vendas que vendeu 5 mil exemplares para uma distribuidora de encalhes por alguns centavos cada um. Aproveitem."

Prendi a respiração enquanto caminhava de uma mesa para outra, rezando para não deparar com o meu nome. Essa era, naturalmente, a oração oposta a que eu normalmente recito sempre que entro nas livrarias Barnes & Noble, na Borders, ou na equivalente canadense, Chapters. "Vejamos se ele está ali adiante. Senhor, se isso não acontecer, que ele esteja na última estante... Se não, que existam cinco ou seis exemplares disponíveis... Se não, que haja pelo menos um." Assim, com a respiração suspensa, caminhei para a seção apropriada e esquadrinhei a estante em ordem alfabética, de acordo com o sobrenome dos autores. "R... S... T... Twyman... um exemplar. Nem tudo estava perdido. Eles têm um." Se fosse realmente ousado, até me ofereceria para autografar o exemplar... mas normalmente não o sou. Um exemplar quer dizer que ele não é a seleção do mês, o que significa que eles não disporiam de tempo ou energia para gastar comigo. Volte para a obscuridade, sr. Twyman.

Mas naquele dia em particular eu desfrutei de uma espécie de vitória. Não havia livros com meu nome na mesa de encalhes. Revitalizado, afasto-me da mesa da humilhação e descubro um lugar para me sentar na praça de alimentação. Meu café ainda está quente e este é um novo dia. Penso comigo mesmo. Tudo é possível, principalmente no primeiro dia de um retiro de cinco dias.

A alguma distância, vi o Homem do Café sentado sozinho a uma mesa. Ele parecia muito solitário e cansado, e uma parte de mim queria estender-lhe a mão. Além do mais, ele era atencioso com seus clientes e tinha um temperamento agradável, pelo menos quando não estava fervendo leite. Mas havia algo mais que eu não podia sequer identificar, como se ninguém pudesse atingi-lo, mesmo neste oceano de luzes fluorescentes e de clientes nervosos. Ou principalmente aqui. Ele sequer levantava os olhos de sua comida; mantinha os olhos presos ao pão branco e às fatias de presunto. Tive de dizer alguma coisa para romper o seu alheamento. Pensei na sorte que tive por não me ter imposto um retiro silencioso.

"Alô, Homem do Café", disse eu enquanto me mudava para a cadeira à sua frente. "Espero que não se incomode de que eu o chame assim. Desculpe-me, talvez você não se lembre de mim... Sou o sujeito que..."

"Mas é claro... Você está tomando o meu café... Lembro-me de você. Um café expresso grande, com um pouco de leite."

"Certo... Provavelmente você se lembra de todos os seus fregueses... não pelo nome, é claro, mas pelo café que eles bebem."

"Fiz isso durante algum tempo", disse ele, parecendo contente por ter alguém com quem conversar. "Estou tomando conta deste café há uns dois anos, mas antes disso eu gerenciei durante dez anos um café em Toronto, em uma área pouco habitada... O tipo de café no qual você realmente consegue conhecer seus fregueses. Aqui, bem, isto é apenas um shopping center. Pessoas diferentes a cada dia."

"Apenas um shopping center", repeti.

"Sim, apenas um shopping center. Um vaivém de pessoas... então eu me lembro do café que elas bebem, não dos nomes."

"Estou aprendendo a ver o shopping center de uma nova maneira", disse eu.

"O que você quer dizer?"

"É difícil explicar, mas... veja, eu sempre detestei os centros comerciais. Ambientes sociais artificiais... é assim que eu sempre os considerei. Mas hoje, ele está me ensinando uma nova lição. Posso optar por vê-lo da maneira que sempre fiz, ou posso mudar minha opinião e vê-lo através dos olhos da graça divina."

Fiquei com receio de tê-lo desnorteado, principalmente quando me referi à graça divina. Ele me olhou de modo enigmático, depois começou a embrulhar a metade remanescente de seu sanduíche em papel impermeável.

"O que você quer dizer?", perguntou ele finalmente, hesitando por um segundo antes de se levantar.

"Bem, eu sempre tive essa atitude elitista a respeito de centros comerciais. Quer dizer, eu achava que eu era melhor do que as pessoas que fazem compras neste lugar, entende? Ora, isso é um absurdo. Portanto, decidi começar novamente, como se jamais tivesse estado aqui antes, e compreendo que não sou diferente de qualquer dessas pessoas... não sou diferente de você. Estamos cheios da graça divina, o que significa exatamente que Deus nos ama. Decidi considerá-lo dessa maneira em vez do modo absurdo como vinha fazendo."

Ele relaxou e recostou-se tranqüilamente em sua cadeira. Eu o tinha conquistado, pelo menos por um momento.

"Você é cristão?", perguntou ele.

"Sim, com certeza, por que não?"

Minha resposta obviamente o confundiu e decidi oferecer-lhe mais.

"Deixe-me explicar. Fui criado como cristão; na verdade, durante algum tempo estudei para ser padre. Mas agora é como se eu estivesse estudando este shopping center. Eu costumava me concentrar em como eu era diferente de todas as outras pessoas. Tinha crenças diferentes de, digamos, um budista. Utilizava essas crenças como um meio para nos separar em vez de nos unir. Agora, optei por me concentrar na idéia de que somos iguais. Vejamos a paz, por exemplo. Todos nós queremos viver em paz, quer sejamos cristãos, judeus, hindus... seja lá o que for. Portanto, se nos concentrarmos nisso, a diferença desaparece."

"Mas o que me diz a respeito de Jesus?", indagou.

"O que eu digo a respeito dele? Para mim ele é o homem... com certeza. Porém ele é também mais do que isso... Devemos prestar atenção naquilo que Jesus ensinou, não na sua personalidade. Ele pregou a paz, certo? Ele pregou a compaixão, da mesma forma que Buda ou qualquer outro ser iluminado."

O Homem do Café terminou de embrulhar o sanduíche e levantou-se para ir embora.

"Você estará aqui amanhã?", ele perguntou.

"Por quê?"

"Tenho algumas coisas que você deveria ler. Isso poderá mudar sua atitude, se não se importa que eu o diga."

"Não me importo absolutamente, e gostaria de ler qualquer coisa que você traga para mim."

"Ótimo, eu o verei amanhã. Até lhe darei um café expresso grátis, na loja."

"Está combinado", disse eu enquanto ele se afastava. "Lerei tudo se você mantiver a minha xícara cheia."

❖ ❖ ❖

Ao sentar-me de frente para aquela fileira de "veículos estacionários para crianças", compreendi que eles seriam um dos mistérios que eu teria de desvendar durante o meu retiro. É comum um diretor espiritual oferecer um poema ou um livro escrito por um grande santo para que a pessoa que faz o retiro medite sobre ele durante o período de sua permanência no local. Em geral os trechos sagrados inspiram uma visão particular que dá o tom para todo o retiro, e só quando a lição foi totalmente absorvida pela alma é que a pessoa pode dizer que o retiro está completo. Caso contrário, ele continua por longo tempo depois que a pessoa deixa o local, até anos mais tarde, quando os detalhes do retiro são apenas uma pálida lembrança.

"O que esses estranhos veículos estão tentando me ensinar?", perguntei para mim mesmo.

Ali está o carrinho de sorvete pintado com cores vivas que balança para a frente e para trás quando se deposita uma moeda de 25 centavos no aparelho. Olhando um pouco para a esquerda, vemos a pequena locomotiva que desliza para a frente e para trás sobre trilhos de metal. Mais adiante está um cavalo de desenho animado, como o que vi uma vez num pesadelo. Finalmente, ao lado do cavalo está o cacto sorridente com um *sombrero*. Consta que o cacto não se move de modo algum; apenas está ali postado, observando os outros.

Sentei-me e terminei meu café enquanto observava o cortejo de crianças que desesperadamente tentava arrancar uns trocados de seus desalentados pais. Mas por que eles estavam desalentados? Seria a frustração inconsciente que uma pessoa sente ao observar uma criança se divertir num passeio que parece agradável mas que não leva absolutamente a lugar nenhum? Ou será por causa do próprio shopping center, o modo como as luzes, os sons e os gritos das crianças agem sobre a psique? Comecei a compreender que essa seria uma das principais indagações do meu retiro. Mistérios como esse e outros mais se abririam como flores diante de meus olhos.

Alguns pais de bom grado davam a reluzente moeda que tinha o poder de aquietar seu filho por cerca de trinta segundos. Porém a maioria deles decidiram se engajar em uma batalha que jamais ganhariam. Uma criança descobre o carrinho de sorvete a uma certa distância e corre direto para ele, enquanto os pais gritam para que ela pare. Quando os pais a alcançam, a criança já está dentro do brinquedo, e a tentativa de retirá-la atrai mais do que alguns olhares. Finalmente, o pai cede e entrega a moeda, ou puxa a criança de dentro do carrinho onde ela se encontra, esperneando e gritando.

Na parede por trás dessas sedutoras miniaturas está pendurada uma tabuleta dourada. Nela se lê: "Troco disponível na recepção." É uma espécie de chave do mistério, decidi. Para mim, existem duas explicações possíveis para aquele aviso... Uma é muito óbvia e a outra, metafísica. Eu estava disposto a considerar as duas, mas começava a acreditar na última.

Só havia um jeito de descobrir. Fui até a portaria.

❖ ❖ ❖

"Alô. Espero que você possa me ajudar com o troco."

A mulher no balcão da portaria me olhou confusa e desorientada. "Desculpe... Não entendo o que o senhor quer dizer."

"Vi um aviso ali... junto dos... como quer que vocês chamem esses pequenos veículos que não vão a lugar nenhum, que diz: 'Troco disponível na recepção.' É por isso que estou aqui... Preciso trocar algumas coisas a respeito de mim mesmo."

A mulher olhou com firmeza por cima dos meus ombros, procurando o guarda de segurança que já estava me observando. Ele entendeu seu gesto e se deslocou para trás do balcão.

"Acho que o senhor não entendeu o aviso", disse a mulher. "Ele está naquele local para o caso de uma mãe não ter dinheiro trocado para os brinquedos... Nesse caso, ela pode vir até aqui e nós o trocaremos para ela."

"Sim, compreendo", eu disse, inclinando-me para mais perto. "Mas já existe uma máquina de trocar dinheiro ali adiante, como a senhora sabe, aquela que parece uma bomba de gasolina. Bem, comecei a pensar que talvez se pudesse trocar alguma coisa mais do que parecia a princípio."

"Algum problema? Há algo em que eu possa ajudá-lo?" O guarda de segurança decidiu que era hora de intervir, como se eu estivesse prestes a me tornar um problema.

"Na verdade, não há nenhum problema, mas... Talvez o senhor possa me ajudar. Eu estava perguntando a respeito daquele aviso perto do..."

"Sim, eu ouvi", disse ele diretamente. "Como ela explicou, esse aviso se destina aos pais que precisam de dinheiro trocado para os aparelhos. Está claro?"

"Sim, sem dúvida... Eu estava só tentando obter informações mais precisas... buscando alguma interpretação espiritual oculta que não está absolutamente no aviso. Desculpem-me."

"Não tem problema, senhor. Aproveite bem o shopping."

Enquanto eu me afastava, podia sentir os dois fitando-me com os olhos fixos como se eu fosse um problema potencial. Mas como eu poderia explicar o que estava realmente acontecendo... que eu tinha de testar os limites para determinar as lições mais essenciais? Olhei para trás e sorri, um sorriso tranqüilizador para fazer com que eles se acalmassem. O olhar em seus rostos não mudou em nada.

❖ ❖ ❖

Caminhei para uma das extremidades do shopping, em direção ao The Bay, uma das duas lojas de departamentos do Oakville Place. Eu estava começando a me sentir perturbado pela minha confrontação na portaria, resultado, acredito, da singularidade da minha situação e do inquietante nervosismo que ainda sentia em relação ao catalisador inicial do retiro — "o anel de noivado". Eu não queria ser expulso dali no meu primeiro dia; assim, decidi que era melhor fixar minha atenção sobre uma área diferente do shopping center.

Sentei-me em um banco que estava a poucos metros de um repuxo com uma estátua surpreendentemente artística no centro. Era uma verdadeira obra de arte, em nada semelhante às bobagens comerciais que decoram a maioria dos shoppings. A escultura abstrata retratava duas mulheres unidas na base, cada uma delas segurando uma espécie de concha e partilhando a água que vertia entre elas. A cor bronze-esverdeada do repuxo conferia-lhe uma aparência de coisa antiga, como se ele tivesse estado em um jardim, acumulando musgo durante uma centena de anos. É difícil dizer por que ele me proporcionou tamanha sensação de alívio. Talvez pelo fato de que até mesmo ali, naquela Meca comercial, o lugar que escolhi para o meu estranho retiro, uma pessoa pode encontrar beleza e graça. Isso tornou-se a metáfora à qual eu recorreria inúmeras vezes durante os cinco dias que tinha em mente passar naquele local.

Lembrei-me do mosteiro onde vivera durante algum tempo há muitos anos, quando era um franciscano. Todas as vezes que indagava por que estava ali, por que havia escolhido dar um passo tão fora de propósito na minha juventude, eu ia me sentar ao ar livre, em frente ao repuxo do claustro com a estátua de São Francisco no centro. Fora ele quem, em primeiro lugar, me atraíra para lá, o bem-aventurado patrono de todas as coisas místicas. Havia um olhar em seus olhos que me fazia esquecer qualquer que fosse o problema que me atormentava naquele momento. Ele estava no mundo, mas não pertencia ao mundo. Eu estava naquele centro comercial, mas não pertencia a ele. Em que estranha situação eu me encontrava. Talvez as mulheres no repuxo pudessem me confortar como São Francisco costumava fazer. Havia algo a respeito das conchas que parecia me atrair, algo a respeito da dádiva da água. Outro mistério, pensei comigo mesmo. Outro intrigante mistério para a minha reflexão.

Acima de mim, um alto-falante emitia uma interminável música de dez anos atrás que se difundia por todo o shopping. Tentei me concentrar no som da água que caía das senhoras de bronze nos ladrilhos de cerâmica. Os dois sons competiram por um momento antes que a música finalmente vencesse a contenda. Olhei à minha volta, para uma dúzia ou mais de pessoas que caminhavam pelo longo corredor, entrando e saindo das lojas. Fiquei curioso para saber se elas pelo menos ouviam a música, ou quantas delas alguma vez haviam parado para olhar aquele maravilhoso repuxo.

"Estou pronto para isso", falei em tom mais baixo do que o de minha respiração. "O que quer que isso signifique, estou pronto."

❖ ❖ ❖

Eu não esperava encontrar uma oficina de conserto de calçados em meio às lanchonetes da praça de alimentação. Ela parecia não fazer parte daquele lugar, ou de qualquer outro shopping na América do Norte do século XXI. Na Europa, talvez, ou até mesmo no fim de alguma encantadora e pequena rua pavimentada com pedras arredondadas em Nova York ou São Francisco, mas não ali. As luzes fulgurantes do shopping eram um resplandecente lembrete do motivo pelo qual eu havia escolhido aquele lugar para mergulhar profundamente em minha alma, e a pequena oficina de conserto de calçados estava ali para zombar de mim ou para me redimir.

Andei de um lado para outro nas proximidades da oficina durante mais ou menos quinze minutos, esperando deslindar o mistério. Quando se está num retiro é importante observar tudo com um olhar penetrante, pois cada coisa, cada momento, tem uma lição para ensinar; mesmo naquele shopping center onde eu me sentia como um forasteiro, ou especialmente naquele shopping center. O céu estava esperando para se abrir diante de mim. A oficina de consertos de calçados propunha um desafio que eu tinha muito prazer em aceitar. Estávamos na mesma situação, pensei comigo mesmo, deslocado como eu me sentia na terra da ambigüidade do consumidor, onde nada é como parece ser. Talvez fosse essa a lição que eu tinha de aprender, pois no fim isso se aplica a todos nós, até às oficinas de conserto de calçados.

A loja em si era pouco maior do que um grande armário, com sua aparência antiquada, máquinas estranhas e solas de sapatos penduradas por todo lado como se fossem troféus. Por trás do balcão, um velho oriental com um avental de couro lustrava um par de sapatos pretos. Por que eu esperava algo menos estranho? Por enquanto as circunstâncias eram claras. Aquela era a extremidade do shopping center que o tempo esquecera, como um vórtice de energia eletromagnética para onde convergiam o passado e o presente, criando um cenário que não era nem uma coisa nem outra.

Finalmente, reuni coragem suficiente para entrar no vórtice. Mas o que aconteceria comigo se eu chegasse muito perto, se eu ousasse ultrapassar a fronteira que separava o shopping center de uma força tão impressionante? Será que eu evaporaria, seria transportado para outra cidade e me encontraria numa oficina idêntica no outro lado do mundo? Eu me entretinha alegremente com todas essas possibilidades, enquanto, ao mesmo tempo, caminhava em direção à oficina de um modo que revelasse apenas as minhas melhores intenções.

O oriental pareceu não me notar enquanto eu olhava o grande sortimento de cordões de sapatos que revestia a parede. Duas mulheres mais idosas haviam entrado depois de mim, uma para apanhar um par de sapatos e a outra para dar uma olhadela. Esperei que ambas saíssem, para estar sozinho com o Homem dos Sapatos, antes de finalmente voltar-me para ficar frente a frente com ele.

"Seus sapatos ainda não estão prontos", disse ele, erguendo um pouco os olhos de seu trabalho.

"Como disse?"

"Eu disse que seus sapatos não estão prontos... preciso de mais tempo. Volte em meia hora."

Teria o destino feito com que ele me confundisse com outra pessoa? Essa era a oportunidade perfeita, e a partir daí eu avançaria no desconhecido, e o que poderia acontecer só Deus sabia.

"Desculpe, mas o senhor deve ter me confundido com outra pessoa", disse eu. "Eu não..."

"Ah, então seus sapatos estão prontos", disse ele, enquanto pegava uma caixa de sapatos de debaixo do balcão e a colocava sobre ele. "Confundi o senhor com outra pessoa. Desculpe-me, mas aqui estão seus sapatos. São dez dólares."

Ele olhou para mim e se espantou pelo fato de eu não fazer nenhum movimento para pegar a minha carteira.

"Mais uma vez, parece que estamos equivocados um com o outro", disse-lhe eu. "Não estou aguardando sapatos... Não entreguei nenhum para consertar... pelo menos até agora."

"Oh, mais uma vez, sinto muito", disse ele, e colocou a caixa novamente debaixo do balcão. "Então você trouxe sapatos para consertar?"

"Não, não exatamente", eu disse. E com isso ficamos embaraçados, pois eu havia chegado a um momento para o qual não havia planejado o que dizer. Ele me olhou, depois sorriu, como se subitamente houvesse entendido.

"Ah, eu sei por que está aqui", disse ele.

A princípio, eu não soube o que dizer. Seria verdade? Será que ele possuía a faculdade da percepção? Talvez minha imagem mental da loja colocada entre dois mundos fosse verdadeira, e ele era, na realidade, um mestre zen que me orientaria em meio às privações do meu retiro. Por que eu devia me surpreender? Se eu havia escolhido uma linha de conduta mística, não seria natural esperar milagres como esse? Retribuí o seu olhar e sorri.

"O senhor sabe realmente por que estou aqui? De verdade?"

"Sim, eu sei", disse ele. "Quer se candidatar ao emprego. Eu lhe disse que sabia. Desculpe-me, a vaga só será preenchida na próxima semana, mas você pode preencher o formulário de solicitação de emprego agora. Eu o chamarei mais tarde."

"Está bem... por que não?" Eu não vi mal nenhum em preencher o formulário. Isso na verdade me dava um motivo para retardar minha permanência por alguns momentos e descobrir o mistério que aquele lugar obviamente encerrava. Fiquei de pé junto do balcão e preenchi o formulário com as informações requeridas, sem imaginar, por um momento sequer, o que ele pensaria quando o lesse. Não havia nenhum indício, pelo menos de acordo com o meu histórico de trabalho anterior, de que eu estava qualificado para um emprego como aquele ou estivesse interessado nele. Tive de fazer uma busca nos quase oito anos passados, desde a última vez em que tivera um emprego de verdade, trabalhando como representante de vendas de anúncios para um jornal de Madison, no Wisconsin. Certamente eu não poderia me referir ao meu histórico recente de trabalho, pois isso realmente levantaria suspeitas. Finalmente, decidi ocultá-lo totalmente. Além disso, aquilo era um artifício, uma manobra para continuar conversando, e eu não estava absolutamente interessado em me tornar um remendão.

Durante todo o tempo, o velho oriental permaneceu olhando para mim, sorrindo. Numa das mãos ele segurava um sapato ao qual já havia dado um belo polimento, e o pano velho que tinha na outra mão era muito parecido com ele — lustroso e gasto. Alguma coisa nos olhos dele fazia eu me sentir muito à vontade. Se eu estivesse mesmo procurando um emprego, poderia muito bem ter levado a oferta a sério.

"Está preparado?", ele me perguntou.

"Estou preparado... para quê?"

"Você está preparado para a vida?"

Essa era realmente uma pergunta muito estranha, dadas as circunstâncias, mas que parecia apoiar a minha teoria inicial. Seus olhos não se turvaram quando me fez essa pergunta, e suas mãos não perderam seu ritmo gracioso, na dança que faziam entre o sapato e o pano alaranjado.

"Sim, estou preparado para a vida", disse eu finalmente. "Por que pergunta?"

"Porque o trabalho numa oficina de consertos de calçados é muito semelhante à vida", disse ele. "As pessoas trazem aqui seus sapatos usados, sem brilho, esperando que eu os faça voltar à vida, como um curandeiro. Poucas, porém, compreendem a importância disso, pois nossos sapatos são demasiadamente subestimados. Pense bem... se os sapatos machucam os pés, eles não têm valor, não importa o quanto estejam brilhando. Mas se forem confortáveis, você nem sequer pensa neles. Passa o dia todo sorrindo, embora não saiba por que está tão alegre. Pés alegres — vida alegre. Esse é o meu lema."

"Pés alegres — vida alegre. Isso é ótimo."

"Você não acha que eu tenho razão? Não é verdade que os seus pés determinam a direção não apenas do seu andar, mas também do seu estado de espírito?"

"Sim, até certo ponto. O senhor me perguntou se estou preparado... preparado para a vida. Então, para o senhor os sapatos são uma metáfora para a vida, certo?"

"Ah, mais do que uma metáfora", disse ele subitamente, caindo na gargalhada. "Mais do que uma metáfora... sou um poeta e não sabia."

Eu ri também, e coloquei a solicitação de emprego preenchida em cima do balcão diante dele. Embora não tivesse achado graça, ele era um bom homem e eu não queria me retirar tão depressa.

"Sim, sou como um curandeiro", prosseguiu ele. "Todos nós somos curandeiros, não somos? O que você cura? Deixe-me dar uma olhada neste papel e descobrir."

Ele leu a solicitação de emprego como se estivesse lendo a minha sorte. Seus olhos minúsculos piscaram e ele sussurrou um pouco para si mesmo, obviamente extraindo do que eu escrevera mais do que realmente estava ali.

"Você cura com a venda de anúncios?", ele riu. "Ora, por que não... mesmo nessas ocasiões você deve falar com as pessoas e ajudá-las. Certo? Então, você está preparado para curar os pés das pessoas, bem como suas almas... ou deveria dizer solas?"[1]

---

1. O sapateiro fez um jogo de palavras com os vocábulos *souls* (almas) e *soles* (solas) (N.T.).

Mais uma vez ele caiu na gargalhada, muito contente por ter feito um jogo de palavras.

"Estou preparado para qualquer coisa", disse eu. "Eu nasci preparado."

"Essa é uma ótima resposta. Como você sabe, nada acontece realmente até que compreendamos que estamos preparados. Enquanto isso, caminhamos em círculo tentando nos preparar, e a vida apenas nos ignora. Eu venho da China, onde vivi até os quarenta e cinco anos de idade. Estou aqui há vinte anos, e neste shopping center há cinco. Durante toda a minha vida consertei sapatos, e digo-lhe que esse é um trabalho muito importante, embora extremamente desvalorizado. Aprendi as antigas maneiras de executá-lo de meu pai, que as aprendeu do pai dele. Na China, essa é uma ótima profissão, mas aqui é ignorada. A maioria das pessoas costuma comprar sapatos novos quando os velhos se gastam. Olhe para este par que estou lustrando agora. Ele ainda pode ser útil por muito tempo. Tudo o que ele precisa é de um pouco de cuidado e amor. Cuidado e amor podem fazer uma grande diferença, mesmo aqui no shopping center."

Eu tinha razão; ele era um mestre zen. Ah, como fiquei feliz naquele momento, pois sabia que não estava sozinho em meu retiro. Quando tivesse uma dúvida, poderia voltar sempre ao Homem dos Sapatos e ele me mostraria o caminho. Quem sabe, talvez eu acabasse como ele, lustrando sapatos e distribuindo sabedoria aos transeuntes desatentos.

"Sei que o senhor não tem uma vaga atualmente, mas se importaria se eu voltasse outra hora e conversássemos mais um pouco? Estarei freqüentando este shopping center durante alguns dias e gostaria de voltar a conversar com o senhor."

"Estou aqui, e aqui estarei", disse ele, ficando subitamente sério. "Por que você acha que tenho este negócio? Eu cuido das solas e das almas. Volte sempre que quiser."

❖ ❖ ❖

No segundo piso do Shopping Center Oakville Place, existe uma famosa loja de *lingerie* com belos sutiãs, *négligés* e roupas íntimas em exposição na vitrine. Mais ou menos uma dúzia de mulheres faziam compras no interior enquanto eu observava, esquadrinhando através das roupas expostas e das amostras, pensando coisas que nenhum homem jamais pôde entender. Os homens apreciam a *lingerie*, chegando até a adorá-la, mas nenhum deles a compreende realmente. Talvez seja por isso que ela é tão sedutora. Sentei-me em um banco do lado de fora da loja e fiquei meditando sobre esse mistério. A maioria dos homens concorda que uma mulher usando uma bela *lingerie* é muito mais excitante do que uma mulher nua. Por quê? Será o tecido que nos atrai, ou o que está por baixo dele? Ou será pelo fato de sermos sempre atraídos pelo que está escondido de nós? Se isso fosse verdade, provavelmente haveria uma desenfreada corrida aos países islâmicos, onde as mulheres exibem pouco mais do que seus olhos brilhantes. Fiquei convencido de que, se eu resolvesse esse mistério, provavelmente descobriria também alguma grande verdade espiritual.

Comecei a me sentir um pouco culpado por estar ali sentado, fitando a vitrine da loja. Quem me observasse jamais pensaria que eu estava tentando resolver um profundo mistério espiritual. Muito provavelmente, eu seria considerado um excêntrico, e logo o guarda de segurança seria chamado, exatamente o mesmo guarda com o qual eu tivera um problema naquela manhã. Surpreender-me olhando fixamente para a loja de *lingerie* seria tudo o que ele precisaria para me acompanhar até a porta de saída de uma vez por todas. Como eu me sentiria então? Que ultraje, ser expulso de um retiro logo no primeiro dia! Que tipo de exemplo eu estaria dando?

Voltei-me para o outro lado do banco e tentei fingir que olhava na outra direção. Mas por mais que eu tentasse, meus olhos, meu corpo, todo o meu ser parecia girar de volta para a loja com os sutiãs, as roupas íntimas e a bonita *lingerie*.

Talvez eu ainda não estivesse preparado, afinal.

❖   ❖   ❖

Caminhei de volta para o repuxo onde poderia tranqüilizar meus pensamentos. Já se haviam passado três horas desde que eu começara o meu "retiro no shopping center", e eu continuava exatamente tão confuso como no início. Mas por que eu deveria esperar algo diferente?

Era como uma desintoxicação espiritual, a liberação natural de todas as tendências inúteis, tão comuns ao nosso ego. Não havia razão para esperar que elas desaparecessem em apenas meio dia, pois, em primeiro lugar, elas nunca tinham sido "bem-vindas". O ego jamais desaparece... ele é posto à parte, protestando e gritando, segurando-se em qualquer coisa que esteja ao seu alcance, respirando com dificuldade. O truque é não dar importância ao drama. É melhor deixá-lo falar, fazer o barulho que quiser, depois mandá-lo seguir o seu caminho. Afinal, é muito mais difícil lutar boxe com um adversário que nunca usa luvas.

Enquanto eu estava sentado olhando as estátuas das duas mulheres compartilhando a água, lembrei-me do que suscitara a idéia do retiro: o anel. Eu começava a compreender que o medo que eu sentia era na verdade a causa de um medo mais profundo — o de que eu não estava preparado para me casar. Obviamente, eu não estava com medo de um pequeno aro de ouro com alguns diamantes, mas do que ele representava. Nesse caso, o anel representava compromisso, firmeza de caráter e responsabilidade. Eu passara a maior parte de minha vida rejeitando essas coisas, preferindo, em vez disso, uma vida de liberdade intransigente. Eu estaria preparado para elas mais tarde, daqui a alguns meses ou alguns anos, mas não agora.

Mas o fato era que eu sempre estivera preparado, não só para um compromisso como também para as verdades mais profundas das quais fugimos com igual rapidez e entusiasmo. O casamento em si mesmo é um símbolo do relacionamento que partilhamos com o Divino. Enquanto observava as estátuas à minha frente, com a água se derramando de uma mulher para a outra, compreendi que é dessa maneira, afinal, que nós nos sintonizamos com aquelas atitudes mais íntimas. Estar preparados para nos entregarmos um ao outro é o mesmo que nos entregarmos a Deus.

Essas entregas não podem estar dissociadas. Eu não estava com medo de um anel ou do casamento ou de Siri Rishi. Eu estava com medo de Deus. Tão logo compreendi isso, senti como se tivesse quebrado o gelo. Você não vai descobrir que não há razão para ter medo até descobrir que está com medo. Tudo muito simples... Só então você estará preparado para dar o passo para longe do medo e para dentro da luz. Esta é, na verdade, a única razão pela qual estamos aqui. Descobrir que estamos preparados é apenas o primeiro passo.

Eu senti como se tivesse conseguido uma espécie de vitória ou de ruptura das linhas inimigas. Uma torrente de energia encheu a minha alma, e então me levantei do banco, agradecido às duas mulheres pela lição que elas haviam me ajudado a aprender. Uma vitória leva a outra lição, até que todas se juntem como pérolas para criar um belo colar. Eu tinha a minha primeira pérola, e segurei-a firmemente em minha mão.

"Estou preparado para isso", disse eu em voz alta. "Estou preparado para o que vier, embora não possa ver além de onde estou agora. Mas, a despeito disso, continuo caminhando para a frente."

Afastei-me da fonte e comecei a aguardar a próxima aventura.

2ª Lição

Somos todos iguais

Entrei na loja de discos como se ela fosse um santuário. Se não tivesse prestado atenção, se me tivesse descuidado e permitido retroceder à enraizada reverência que havia aprendido como um menino católico, poderia até ter feito uma genuflexão à porta. Isso demonstra o quanto a música significa para mim. Ela é mais do que meras combinações de sons ou ritmos, ou discos de plástico que contêm códigos digitais que produzem os sons mais maravilhosos quando tocados. A música é um sacramento e tem o poder de elevar o estado de espírito ou a confiança de uma pessoa, até mesmo a confiança de todo o país ou de todo o mundo. Quando utilizada cientificamente, a música pode restaurar a saúde, tanto física quanto mental. Mas como qualquer outra força, ela também pode ser utilizada para aprisionar, iludir e manipular. A história está cheia de exemplos das duas situações.

Mas aquilo era uma loja de discos de um shopping center, mais um ingênuo reflexo de gostos populares do que um instrumento para aqueles que desejassem oprimir ou libertar. Aquele não era um lugar regido pela filosofia, mas por anúncios dos sucessos musicais ou das atuais canções mais vendidas entre os adolescentes que seriam esquecidas dentro de uma ou duas semanas. Seu poder havia sido reduzido a tal ponto, que se tornara difícil de reconhecer, e as pessoas que entravam naquele lugar sagrado eram como turistas que visitam uma catedral gótica para admirar sua arquitetura, não para rezar. Eu, por outro lado, caminhava silenciosamente entre as fileiras de discos, com receio de perturbar aqueles santos. Talvez eu seja excessivamente sentimental, mas sou, antes de mais nada, um músico, e nada mais lógico para mim do que colocar a música num patamar tão elevado.

Mas por que ainda me refiro a ela como uma loja de discos? Já se foi o tempo em que manuseávamos pilhas de grandes capas de papelão com discos de vinil do tamanho daqueles discos de plástico que lançamos um para o outro, nas brincadeiras de praia. A tecnologia avançou muito, e os CDs dominaram o mundo. Duvido que exista um único shopping center na América do Norte no qual exista uma "verdadeira loja de discos". Para encontrá-la, é preciso procurar nos subúrbios e penetrar na balbúrdia das cidades grandes para descobrir essa espécie em extinção, muito diferente da brilhante fluorescência de Oakville Place. Ali, você provavelmente encontrará um homem de mais de 30 anos, com cabelos que chegam até os ombros, e que é mais uma enciclopédia ambulante sobre música do que um comerciante. Faça a pergunta que quiser sobre jazz, rock clássico ou punk e tenha certeza de que vai obter uma resposta inteligente. Peça o último lançamento pop e poderá ser atirado pela janela.

"Desculpe, posso ajudá-lo em alguma coisa?"

Ela se aproximou por trás de mim de maneira tão furtiva e silenciosa que eu não a havia notado. Esse era um início maravilhoso porque demonstrava respeito, não tanto por mim, mas pelo solo sagrado que pisávamos. Era uma mulher jovem, talvez de vinte anos, o que me surpreendeu um pouco. É difícil supor que alguém tão jovem fosse mais do que uma aprendiz, e decidi pressioná-la um pouco para verificar o que ela sabia.

"Estou procurando um CD de Miles Davis que foi lançado recentemente, que tem algo a ver com a Espanha..."

"Acho que o senhor procura *Sketches of Spain*. Olha, eu gostaria muito de ter esse disco na loja. Acha que vai encontrar alguma coisa *legal* aqui? É provável que não. Peça qualquer CD de rap e teremos três deles, ou cinqüenta, mas música de verdade, bem... isso já é pedir demais."

"Que tal Richie Havens..."

"Que tal se eu lhe der um soco, sem mais nem menos?"

"Suponho que isso quer dizer não."

"Acertou."

"Você sabe um bocado sobre música, hein?"

"Sou a filha mais jovem de uma família com quatro rapazes. Eles foram educados com valores diferentes, o tipo de educação que praticamente não existe mais. Desde que saí do útero de minha mãe, cresci ouvindo The Who e Traffic, quando a maioria dos meus amigos ouviam New Kids on the Block. Nossa, como eu odiava esse grupo."

"Entendo o que quer dizer."

"Afinal, o que você está fazendo aqui?"

"Por que pergunta?"

"Você parece não estar no lugar adequado, como se estivesse deslocado... Bem, você sabe o que eu quero dizer. Parece ter as mesmas preferências que eu, o mesmo gosto, pelo menos."

"Então o que *você* está fazendo aqui?"

"Passando o tempo. O que mais? Tentando economizar dinheiro suficiente para comprar a minha casa em Toronto ou em qualquer outro lugar. Por enquanto ainda moro com os patrões."

"Os patrões?"

"Você entende... Pais."

"Entendi."

"Você é americano, não é?"

"Como é que você sabe?"

"Não sei bem. Apenas facilidade de reconhecer essas coisas. Talvez eu seja sensitiva, ou coisa assim."

"O que mais você sabe?"

"Deixe-me pensar um pouco." Ela se aproximou e colocou um dedo em minha têmpora, o que me surpreendeu. Depois fechou os olhos e fez como se estivesse lendo a minha mente. Fiquei curioso por saber se ela estava realmente fazendo isso. "Você está aqui procurando alguma coisa, mas não é algo que se possa encontrar em um shopping center."

"O que quer dizer?"

"Diga-me você. Estou certa?"

"Até certo ponto, sim. Estou procurando uma coisa, e a princípio não achei que poderia encontrá-la num shopping center, mas agora sei que posso."

"Isso não tem nada a ver com um CD, tem?"

"Na verdade, não", disse eu. "Estou aqui apenas passando o tempo. Pensei em dar uma olhada no seu estoque. Não é muito atraente, é?"

"Eu já lhe disse isso."

"Então, por que trabalha aqui?"

"Também já lhe disse isso. Embora não seja o máximo, este é o lugar que tem o melhor atendimento no shopping center, e eu sou a moça mais atualizada no assunto; assim, como você vê, temos algo em comum."

"Compreendo."

"Não, estou brincando. Você mora aqui ou está apenas de visita?"

"Talvez eu me mude para cá. Vou me casar com uma moça de Oakville."

"Que pena!"

"Por que você diz isso?"

"Estou tentando ir embora daqui e você está tentando vir para cá."

"Mas estamos em diferentes estágios da vida. Estive perambulando por todo o mundo durante muito tempo. Você está apenas se preparando..."

"Também já andei um pouco por aí... Fui à Europa no último verão e viajei por diversos países... Você sabe, hospedando-me em albergues para a juventude. Uma loucura."

"Uma loucura... Uma observação com sotaque da Inglaterra."

"Estive lá também."

Passei alguns momentos andando de um lado para outro e conversando com a minha jovem admiradora de música. Foi só quando estava a meio caminho em direção do corredor que percebi não ter sequer perguntado o nome dela.

"Está aí um motivo para eu voltar", disse comigo mesmo.

❖ ❖ ❖

As lojas de discos representam para o catolicismo o que as livrarias representam para o protestantismo. Ambas fornecem uma interminável provisão de informações, inspiração e até mesmo aborrecimentos, dependendo do que você está procurando num determinado momento. Mas as primeiras estão definitivamente ligadas à fé ou ao intelecto, e estas, a uma profunda experiência a que conceitos intelectuais jamais podem ascender. Assim sendo, aqui está o artifício — qual é qual, é simplesmente uma questão de opinião. Eu normalmente me inclino a alternar as duas.

Mas naquele dia em particular, a Igreja Católica estava representada por todas as coisas musicais, e as atividades intelectuais da reforma protestante estavam representadas pela indústria do livro. Afinal de contas, a glória da música está na sua capacidade de deslocar a pessoa do meramente intelectual para dentro do coração, onde estão as correntes mais profundas. Pode-se comparar essa experiência ao incenso e aos rituais de uma missa católica. Os livros, por outro lado, tendem a se fixar mais em argumentos bem desenvolvidos e em fatos prováveis do que nas qualidades etéreas que a música pode inspirar. Naturalmente, existem exceções, de um lado e do outro, mas aí está a beleza da religião. Você pode utilizá-la para provar qualquer argumento.

Lembro-me de ter ido, há alguns anos, a um culto da Igreja da Unidade, em Chicago, e de o pastor ter feito uma afirmação que me marcou profundamente. Ele disse que a diferença entre uma pessoa religiosa e uma pessoa que é espiritual é que a religiosa acredita no inferno e a espiritual já esteve lá. Isso provavelmente qualificaria a maioria da população para a vida espiritual em vez da religiosa.

"Posso ajudá-lo em alguma coisa?"

Pensei na diferença que existia entre aquela mulher e a minha recente amiga da loja de discos. À primeira vista, ela era obviamente de uma época diferente. Devia ter cinqüenta e poucos anos. Em segundo lugar, faltava-lhe o charme natural que emanava tão espontaneamente da "garota mais esperta do shopping center". Esse era o seu trabalho, ora essa, e ela o levava a sério. Ela permanecia de pé por trás do balcão com a coluna ereta e o queixo erguido. Se eu não tivesse a firme intenção de comprar um livro, teria ido embora para não voltar.

"Hum... não. Estou apenas olhando, obrigado."

"Eu estou aqui."

"O que quer dizer?"

"Eu estou aqui... se precisar de mim." Seus olhos se tornaram radiantes quando ela pronunciou as quatro últimas palavras. Impossível dizer se ela queria mesmo ser solicitada ou se isso seria uma grande inconveniência. Ela havia demarcado o seu território atrás do balcão, junto à caixa registradora, e eu tive a sensação de que tirá-la de lá seria como que arrancá-la de sua toca de segurança. O que mais eu deveria fazer, senão aceitar a sua oferta?

"Na verdade... preciso da sua ajuda. Você tem algum livro de Rilke, o poeta alemão?"

Ela apontou para um canto afastado da loja. "A seção de poesia é ali", disse ela.

"Você poderia me mostrar... quero dizer, fico confuso em lojas como esta... talvez você possa me ajudar a encontrá-lo."

Foi como tentar afastar as garras de um urso aferradas em seu almoço. Pude ver naquele instante o medo que a dominou, como se o seu pior pesadelo estivesse se realizando. Ela tinha de se afastar da caixa registradora e aventurar-se entre as estantes e as pessoas, e Deus sabe o que mais. Seus olhos se moveram rapidamente de um lado para outro como se ela estivesse procurando outro balconista que pudesse salvá-la daquela situação. Eles deviam estar almoçando pois, por mais firmemente que ela procurasse, não havia ninguém por perto.

"Sim", disse ela finalmente. "Eu vou ajudá-lo."

Sua estratégia era caminhar o mais rapidamente possível, sem sequer olhar para trás para ver se eu ainda a acompanhava, indicar a estante solicitada e depois correr de volta para a segurança do balcão. Eu seguia exatamente atrás dela, pois estava fascinado por aquele jogo e não queria desperdiçar a oportunidade de levá-lo até o fim.

"Aí está, a seção de poesia. Então, se não houver mais nada..."

"Na verdade, há, sim", disse eu, notando que as rugas em seu rosto haviam repentinamente se tornado mais fundas. "Vejo que vocês têm uma coleção de poesias de Rilke, mas estou procurando o meu livro favorito, *Cartas a um jovem poeta*. Você o conhece? Não é verdadeiramente poesia, mas uma coletânea de cartas que Rilke escreveu para..."

"Sim, conheço o livro. Ele deve estar na seção de clássicos. Por favor, me acompanhe."

Segui no mesmo passo da mulher, uma tarefa nada fácil, uma vez que agora ela parecia querer terminar de vez o seu trabalho comigo e reassumir a sua posição original atrás do balcão. Chegamos à estante apropriada e examinamos cuidadosamente os títulos. O livro não estava lá.

"Por favor, acompanhe-me de volta ao balcão e eu terei o prazer de mandar buscá-lo para o senhor."

Ela estava praticamente no meio do caminho de volta para a caixa registradora quando a interrompi mais uma vez: "Antes que se vá, mais uma pergunta." Ela se voltou vagarosamente, como um pistoleiro pronto para me matar. Depois, com passos deliberadamente lentos, caminhou de volta para onde eu estava.

"Pois não, senhor... o que mais posso fazer para ajudá-lo?"

"Queria saber se você tem algum livro de James Twyman... quem sabe na seção de Nova Era."

"Nunca ouvi falar desse autor."

"Bem, acho que ele não é o autor mais famoso da livraria, mas é muito bom, levando-se em consideração o que é mais importante."

"Considerando-se o quê?"
"O que é mais importante... você sabe."
"Não estou certa de estar compreendendo o senhor."
"Não tem importância. Podemos verificar."
"Na verdade, não acho..."
"Sim, eu sei, mas nunca se sabe... talvez você se surpreenda."

No momento em que terminei essa frase, ela já se encaminhava para a seção de Nova Era. Com a velocidade de um raio, ela examinou a estante, depois parou, perto da parte mais baixa.

"*Emissário de luz*, um exemplar."
"Um exemplar."
"Sim, gostaria de comprá-lo?"
"Não; eu estava apenas curioso por saber se vocês o tinham."

Antes que eu me desse conta disso, ela estava de volta ao balcão, e suas garras estavam mais uma vez fazendo pressão sobre a madeira. Caminhei de um lado para outro durante um minuto ou dois, e então decidi ir-me embora. Sorri para ela ao passar, mas ela olhava para o outro lado.

"Está bem", pensei comigo mesmo. "Sempre há uma segunda loja."

❖ ❖ ❖

Minha mente girava, fora de controle. Como poderiam os dois lugares que eu mais admirara no shopping center ser tão diferentes? Os encontros pareciam refletir a minha perplexidade, a alternância que se auto-impusera entre a minha carreira como músico e a minha carreira como escritor. Qual a que predominava em minha vida, ou não seria de bom tom manter as duas?

Sentei-me em um banco para refletir sobre o que na verdade era evidente. Por um lado, fora a minha música que havia impulsionado a minha carreira como escritor; portanto, na antiga discussão sobre a galinha e o ovo, a música teria de ganhar. Por outro, afora minha subseqüente carreira literária, isto é, o livro *Emissário de luz*, que me tornou conhecido, até então eu era um trovador errante que recitava suas orações pela paz para aqueles que quisessem ouvir, o que algumas vezes significara quatro ou cinco pessoas. Ambas pareciam ter igual importância, pois uma não existiria sem a outra. Afinal, isso nada importava, ou era a dúvida em si mesma uma manobra do ego para focalizar a atenção onde realmente não lhe competia.

Para ser sincero, freqüentemente utilizo ambas as opções, dependendo de qual delas pareça mais importante em determinado momento para levar adiante a busca definitiva do ego — a perfeição.

As pessoas têm a tendência de medir o seu valor, bem como o valor dos outros, de acordo com o que fazem e não de acordo com o que são. Um advogado merece mais respeito do que o lavador de pratos que trabalha no restaurante local, é o que todo o mundo afirma. A principal justificativa para essa visão distorcida é de que um advogado contribui mais para a sociedade do que um lavador de pratos. Por outro lado, quantas piadas de lavadores de pratos você ouviu ultimamente? A ênfase pode obviamente mudar num piscar de olhos, dependendo do objetivo desejado.

Eu jamais soube o que dizer quando alguém me pergunta o que eu faço para viver. Um dia tentei olhar diretamente nos olhos da pessoa que me indagava e dizer: "Que diferença isso faz?" ou "Eu trabalho para a Receita Federal; prazer em conhecê-lo." Normalmente, opto pela alternativa óbvia, mas a questão é — qual é a alternativa óbvia? Certa vez, quando estava atravessando a fronteira para o Canadá, compreendi que a minha profissão definitivamente faz diferença. Quando parei no posto de fiscalização e o guarda me fez todas as perguntas de costume, senti que tínhamos uma indicação do relacionamento que se seguiria. Então ele me perguntou o que eu fazia na vida. "Sou músico", respondi. Imediatamente, ele mandou que eu estacionasse meu carro do outro lado para uma revista completa. Quem sabe que tipo de parafernália ilegal eu poderia estar tentando contrabandear através da fronteira? Na segunda vez em que me encontrei na mesma situação, sorri e disse: "Sou escritor." A reação não poderia ter sido mais diferente. O guarda pareceu impressionado, sorriu e desejou-me um bom dia... depois de eu lhe dizer o título de um dos meus livros para que ele pudesse sair correndo para comprá-lo.

Se eu tivesse de optar por uma das duas, não sei por qual me decidiria. Eu jamais poderia desistir da música, pois isso seria como amputar um braço. Mas o processo de escrever um livro me estimula de modo incomparável. Cheguei à conclusão de que eu sou um afortunado. Não existem muitas pessoas no mundo que possam se expressar tão livremente e serem pagas para fazer isso.

Então, o que eu estou fazendo neste shopping center?, perguntei a mim mesmo. Um impulso muito intenso me trouxera para cá, algum problema íntimo importante que não podia ser resolvido tão facilmente. A música e os livros aconteceram na minha vida de modo natural, mas fixar-me em um lugar e me casar era uma outra história. A expectativa dessa terrível mudança me forçava à introspecção e a mergulhar no shopping center, onde o meu retiro me ajudaria a responder a essas perguntas. Ou assim eu esperava. Sentado naquele banco, eu cheguei a pensar que enlouquecera. O primeiro dia do retiro estava chegando ao fim e eu estava mais confuso do que nunca.

"Talvez eu possa me libertar com uma bela canção", disse uma voz.

"Melhor seria relatar por escrito o meu caminho para a liberdade", ecoou outra voz.

Por fim, decidi que era melhor voltar ao meu guru — o sapateiro.

❖ ❖ ❖

"Vejo que você voltou para ouvir mais alguma coisa da minha 'filosofia dos sapatos' ", disse o Homem dos Sapatos. "Não são muitos os jovens como você, infelizmente, que podem ver todo o universo através da sola de uma única pessoa."

"O senhor não quer dizer da 'alma' da pessoa?", perguntei.*

---

* Ver N.T. da p. 41.

"Por favor, não me prive de dizer as frases como eu queira. Se eu estivesse falando chinês, você se surpreenderia com o meu domínio da língua. Em inglês, preciso me esforçar para fazer um simples trocadilho. Por favor, permita que eu fale do meu jeito".

"Está bem."

"E por que você voltou? Será que não pode esperar que eu o contrate e quer aprender minha profissão desde já? Você é um santo ou um ladrão. Ainda não decidi qual dos dois."

"Realmente não sou nada disso. Eu apenas queria... ouvir o que o senhor tem a dizer... Isto é, se não estiver muito ocupado."

"Como você pode ver, as pessoas que vieram trazer ou apanhar sapatos já foram embora. Sobre o que você deseja que eu dê a minha opinião?"

"Bem o senhor está aqui no shopping center todos os dias e vê muitos tipos diferentes de pessoas. Elas são diferentes e, mesmo assim, são todas iguais. Sabe o que eu quero dizer?"

"É fácil ver a diferença nas pessoas, mas é preciso ter a visão verdadeira para ver que todos nós somos iguais. Olho o mundo da mesma maneira que olho os sapatos. Não existem pares exatamente iguais, porque eles refletem os hábitos das pessoas que os usam. Se você observar a sola dos sapatos, poderá dizer muito a respeito de uma pessoa... a maneira de seu caminhar, sua postura... muitas coisas. Mas quando você observa o interior deles, são todos iguais. O interior de um sapato é sempre macio, não importa quem o use. Mesmo que o lado exterior esteja rachado e sem brilho, o interior ainda tem a maciez da lã."

"E o senhor acha que as pessoas também são assim?"

"No íntimo, as pessoas são todas iguais, porque todos nós desejamos as mesmas coisas... paz, amor, família. No exterior, somos muito diferentes, na aparência, na maneira como falamos. Sou diferente de você porque eu vim da China e você não. Mas será que somos realmente tão diferentes? Talvez Deus pense do mesmo modo. Talvez Deus não dê importância ao exterior e considere apenas o interior."

"Como os seus sapatos."

"Sem dúvida. Assim, às vezes as pessoas não compreendem o que querem, e isso causa confusão. Elas acham que precisam de sofrimento ou de desarmonia, mas isso ocorre apenas porque elas estão acostumadas com essas coisas. Definitivamente, somos todos iguais. Com os mesmos desejos e esperanças. Não dê importância à confusão e verá a verdade."

"O senhor parece Confúcio."

"Não, sou apenas um remendão. Eu simplesmente olho à minha volta e vejo o que está ali."

"Isso soa como uma regra espiritual para mim: 'Todos nós somos iguais, não importam as aparências.' O senhor concorda?"

"Não importam as aparências... Sim, gosto disso. Há aparências para a mente e aparências para o coração. Prefiro as do coração em todas as circunstâncias."

"Assim sendo, como nos tratamos um ao outro se somos todos iguais?"

"Pense nisso desta maneira", ele disse. "Todos nós somos a mesma coisa, embora nem sempre o compreendamos. Todos nós necessitamos de amor. Tudo que fazemos é sempre um ato de amor ou um pedido de amor. Certo? Se isso é verdade, qual seria a nossa reação a qualquer dessas situações?"

"Amor."

"Sim, amor. Essa é a resposta. Então devemos tratar a todos da mesma maneira, independentemente de seus atos. Se alguém me traz os sapatos com um sorriso, eu sorrio em retribuição. Se alguém me traz os sapatos demonstrando mau humor, eu sorrio também. O que elas fazem não importa absolutamente. O que importa é o que eu faço."

"Porque você é a única pessoa que pode julgar como se sente."

"Exatamente", disse ele. "Gosto do que você disse antes: 'Todos nós somos iguais, não importam as aparências.' Isso é tudo de que precisamos para sermos felizes, não é?"

3ª Lição

Nada realmente importa...
qualquer um pode ver

Eu estava em pé diante da entrada principal do shopping center quando abriram as portas às 9 horas da manhã seguinte. O encerramento introspectivo do dia anterior fora suficiente para me animar quanto ao restante do meu retiro espiritual. Cada pessoa que encontrei naquele primeiro dia desempenhou um papel importante, exatamente como era de se esperar. Os laços que estão presentes na experiência de uma pessoa são estabelecidos em todo retiro. Há os orientadores do retiro, os colegas de retiro, bem como algumas pessoas de menor importância que adicionam cor ou fascínio ao amálgama. Eu tivera Peter, o joalheiro, o Homem do Café, o Homem dos Sapatos, a Garota Atualizada em Discos, e a amarga Dama dos Livros, todos num único dia. Estava ansioso por ver o que o segundo dia iria trazer.

Dirigi-me ao Tim Horton's para tomar uma xícara de café. Estando nas primeiras horas da manhã, eu não estava certo de querer começar o dia com o Homem do Café. Era óbvio que ele pretendia mostrar-me os erros da minha maneira de agir e me cobriria de material impresso com o objetivo de salvar minha alma desencaminhada. Melhor era deixar passar algum tempo, exatamente como eu tinha feito no dia anterior. Decidi começar com Peter, o joalheiro.

"Bom dia", disse ele quando entrei pela porta com o café na mão. "Espero que você não esteja aqui para apanhar o anel."

"Não. Estou só... bem, passeando pelo shopping outra vez. Pensei em passar para dar um alô."

"Com certeza você passa um bom tempo aqui. Espero que não se importe de eu dizer isso, mas você não parece o tipo de pessoa que freqüenta shopping centers."

"O que você quer dizer com isso?"

"Bem, existem três categorias de pessoas que você encontrará em qualquer shopping center. Devo admitir que fiz uma pesquisa a respeito. Em primeiro lugar, existem aquelas a quem chamamos de abelhas operárias. São as pessoas que trabalham nas lojas e que passeiam pelos corredores sempre que estão de folga. Você não é uma delas. Em segundo lugar, estão aquelas a quem chamamos de cor local. Esse grupo pode incluir mães que precisam sair de casa por alguns instantes, cidadãos mais velhos que querem apenas estar perto de outras pessoas, e outros interessantes espécimes que simplesmente não se encaixam em outra categoria. Mais uma vez, você nitidamente não pertence a esse grupo. Finalmente, há aquelas que têm uma missão muito específica a desempenhar: as pessoas que sabem o que querem e agem diretamente para encontrá-lo. Pensei que você fosse uma dessas, mas o fato de voltar aqui várias vezes o exclui dessa categoria."

• 3ª LIÇÃO: NADA REALMENTE IMPORTA... •

"E quanto às pessoas que estão simplesmente passeando no shopping, quero dizer, que não estão aqui todos os dias, ou mesmo alguns dias por semana, mas que vêm com a família passar algumas horas aos sábados?"

"Nós as incluiríamos no terceiro grupo."

"Há um último grupo que você deveria incluir na sua lista", disse eu.

"Sim?"

"É uma amostra muito pequena, que dificilmente seria registrada na sua pesquisa. Mesmo assim esse pequeno grupo pode ter um grande impacto, devido a determinadas circunstâncias, quero dizer."

"Continuo ouvindo."

"Nós os chamaremos de pesquisadores."

"Pesquisadores?"

"Sim. Como você disse anteriormente, o shopping center oferece uma rica variedade de grupos sociais que constituiriam um laboratório ideal para alguém que queira estudar ou aprender. Quando algumas pessoas estão estudando os animais, faz sentido que elas freqüentem o zoológico, correto?"

"Acho que você foi longe demais."

"Por quê?"

"Bem, como você disse, esse grupo seria muito pequeno. Não valeria a pena mencioná-lo. A menos, naturalmente, que seja essa a maneira de dizer por que você está aqui."

"Pode ser."

"Nesse caso, o que você está estudando? Os hábitos alimentares da média dos freqüentadores dos centros comerciais? Ou o padrão migratório dos adolescentes pós-puberdade que mudam de um lado do shopping center para o outro, dependendo de qual dos lados esteja mais escuro?"

"É difícil dizer o que eu estou estudando. Acho que a mim mesmo."

"Estranho lugar para fazer isso... um shopping center."

"Posso lhe adiantar que... estarei caminhando sem destino durante mais alguns dias. Então eu lhe direi o que descobri. Se eu fosse lhe dizer alguma coisa agora, poderia prejudicar a minha experiência."

"Ora, ora... eu não vou a lugar nenhum. Mais alguns dias e seu anel estará pronto... Espere aí um momento. Tenho a impressão de que sei o que tudo isso significa."

"Não falemos mais nisso."

"Você sabe o que estou pensando?"

"É lógico que sei... posso ver nos seus olhos."

"Então me diga se estou errado."

"Pode ser que o anel tenha algo a ver com isso, mas apenas pelo fato de ele haver provocado algo mais profundo."

"Você sabe que um anel de noivado costuma fazer isso."

"É, estou descobrindo."

"Lembre-se apenas de que, no final, nada disso terá importância."

"Nada do quê terá importância?"

"O que quer que você venha a sentir. Tudo passa, tudo muda. O que hoje é traumático será esquecido amanhã. Portanto, estude o shopping, ou a si mesmo, tudo o que você quiser. No fim, sempre voltará ao ponto de partida."

"E que ponto é esse?"

"O amor. Esse é o negócio no qual estou envolvido. Estes anéis e colares são símbolos do amor. É isso que todos nós procuramos, e é onde todos nós terminamos."

"Isso é muito filosófico", disse eu. "Quase teológico."

"Estou cercado por ouro e diamantes. O que você esperava?"

❖   ❖   ❖

Sentei-me num dos bancos da praça de alimentação para terminar meu café e decidir se Peter estava correto em suas análises da população do shopping. Observei as pessoas que passavam, altas e baixas, jovens e idosas, e tentei descobrir se elas se encaixavam nessas três categorias. Somos tão previsíveis que não podemos sequer ir ao shopping center sem sermos classificados? Somos tão pessimistas a ponto de esta cidade fictícia servir realmente para uma pesquisa sobre o relativismo humano? Eu queria resistir a essas idéias, como se elas pudessem destruir algo essencial a respeito da minha própria vida. Eu não podia concordar em ser classificado numa das três principais categorias de Peter; mas, ao defender as outras, eu sentia como se estivesse salvaguardando algo maior que existe em todos nós: a oportunidade de irmos além dos estereótipos e do lugar comum para a região mais elevada da individualidade e da democracia.

Ou será que eu estava encarando tudo isso com seriedade excessiva? Eu estava começando a pensar que a introspecção deste retiro estava me tornando extremamente sensível. Por que outro motivo estaria eu defendendo pessoas cuja vida estava sendo desperdiçada caminhando, fazendo compras ou andado de um lado para outro num shopping center? Eu estava ali por uma razão, e por uma única razão: penetrar em minha alma e eliminar a confusão. As interações ao longo do caminho certamente teriam o seu papel, mas elas não eram o ponto central. Melhor concentrar-me no verdadeiro objetivo e deixar que os outros fossem classificados em qualquer categoria que desejassem.

As mesas na praça de alimentação estavam dispostas em fileiras próximas umas das outras, tão próximas que era quase impossível para uma pessoa de uma mesa evitar o contato com outra. Eu abrira caminho para o meio de uma das fileiras como uma espécie de experiência. Eu queria estar perto daquelas pessoas, respirar o mesmo ar que elas respiravam. Quem sabe eu aprenderia algo a respeito de mim mesmo, algum ponto crítico no qual a distinção de classes perde sua importância? A princípio, pensei que minha atitude era elitista, e estava decidido a aceitar essa opinião. Por fim, decidi que minha disposição em fazer tais questionamentos significava que eu não era elitista, da mesma forma que somente uma pessoa sã pode considerar a possibilidade de insanidade.

A fim de conseguir uma revelação total, devo admitir que, naquele momento, eu estava prestando atenção à conversa dos outros. De que outra maneira eu poderia avaliar a minha situação, senão através dos conceitos e opiniões das pessoas que eu havia escolhido como minhas companheiras de retiro? Elas eram os instrumentos de medição que avaliariam o meu progresso, a minha evolução espiritual. O que eu estava fazendo não era um pecado, mas um mal necessário para uma pessoa cujo objetivo final era a descoberta de si mesmo.

Atrás de mim estava um grupo de quatro homens idosos. Eu os tinha visto no dia anterior, sentados exatamente no mesmo lugar por um período de não menos de quatro horas. Concluí que este era "o shopping center deles", pelo menos em suas mentes, como qualquer pessoa afirma ser proprietária de uma coisa que ela utiliza por muito tempo. Eles eram, no mínimo, os "Ilustres Veneráveis" de Oakville Place, pois sua presença por si mesma trazia consigo uma firmeza de caráter que não poderia ter sido obtida de outro modo. Tentei não ser muito óbvio na minha ação de dissimulação. Na verdade, eles tornaram a minha tarefa consideravelmente mais fácil, uma vez que, provavelmente, eu poderia ter ouvido as suas vozes à distância de três ou quatro fileiras.

"É incrível o modo como ela me trata", disse o velho italiano, um homem que mais tarde soube chamar-se Renaldo. "Vocês acham que, depois de todos esses anos, ela concordaria comigo? Quantas vezes ela me deu razão? Digam-me, quantas vezes?"

O homem chamado Floyd mudou de fisionomia ao responder: "Muitas vezes." Por uma observação posterior, soube que ele era polonês, e seu rosto anguloso refletia a dura realidade de sua vida passada.

"Sim, muitas vezes", continuou Renaldo. "Tantas vezes que sou incapaz de contar. A esta altura, ela já devia saber disso."

Renaldo era obviamente o líder daquela reunião masculina. Os outros tinham toda a liberdade de expressar seus pensamentos, suas opiniões e suas discordâncias, mas Renaldo sempre organizava a pauta do dia. Suas mãos agitavam-se de um lado para outro com tanta rapidez que fiquei surpreso pelo fato de o café do Tim Horton's permanecer sobre a mesa. Havia uma autoridade na voz dele que os outros jamais ousavam desafiar. Até mesmo eu estava hipnotizado pela sua segurança.

"Por que você aceita esse comportamento?", perguntou o homem chamado Anthony. Ele também era italiano e atuava como guardião de Renaldo, protegendo-o, pode-se dizer, como um subalterno demonstrando respeito pelo chefe mafioso. "É só você dizer, Renaldo, e eu vou ter uma conversa com ela."

"Sente-se aí e fique quieto", disse Renaldo, preocupado, não pela observação de Anthony, mas pelas possíveis conseqüências da conversa dele com sua esposa. "Não quero que você piore a situação. Você fala com ela, e quem sofre as conseqüências sou eu. Fique aí sentado e beba o seu café. Assim não me meterá em apuros."

"Está bem, Renaldo", disse Anthony. "Tudo bem."

Finalmente, Marcus, o mais jovem do grupo, que suspeitei fosse grego, expressou sua opinião. "Sabe o que eu acho, Renaldo? Todo dia você vem para cá e se queixa de sua esposa; depois vai para casa e a trata com carinho. Acho que não tem a menor importância o que ela faz ou o que ela diz. A verdade é que você não saberia o que fazer sem ela. A verdade é que ela é a razão da sua vida. Estou errado? Nada do que você está dizendo tem sentido, porque você gosta dela."

Isso foi um desafio direto à autoridade de Renaldo, mas foi tão certeiro, tão franco que este nada teve a fazer senão concordar. Essa, como descobri, foi a única intervenção de Marcus. Depois de muita discussão e briga entre os homens, a réplica de Marcus foi basicamente a mesma: "Nada disso realmente importa, não é?"

"É, você tem razão", disse Renaldo, baixando a guarda por um momento, que não excedeu dois segundos. "Mas a minha filha... essa é uma outra história..."

E assim o bombardeio verbal continuou, mudando de uma pessoa para outra. Mas não importa quão intensamente a discussão crescesse, quão deliberado fosse o ataque, no fim eles sempre terminavam no mesmo ponto.

"Nada disso realmente importa, não é, Renaldo? Afinal, só o amor importa."

A manhã estava se configurando muito agradável.

❖ ❖ ❖

Resolvi ir até a loja de música e ver se a minha amiga estava trabalhando. Depois dos homens na praça de alimentação, ela seria uma agradável mudança. Havia algo em seu temperamento franco e em seu honesto comedimento que me atraía, não num sentido romântico, mas de uma maneira que provocava essa liberdade de ação que não requeria reciprocidade ou troca. Ela era capaz de se relacionar com uma parte de minha vida de uma maneira que ninguém mais poderia naquele shopping. Seu modo de falar transcendia a linguagem, e isso era uma dádiva que eu ficava enlevado por receber.

Entrei na loja e fiquei contente ao vê-la, em pé atrás do balcão.

"O Homem Mistério", disse ela quando eu parei à sua frente. "Você está de volta. A que devo esse raro prazer?"

"Bem, você é a garota mais atualizada deste shopping... Acho que foi isso o que você disse... e esta é a loja mais atualizada. Parece ser o lugar certo para mim."

"O que quer dizer que você também é atualizado", disse ela. "Afinal, o atualizado atrai o atualizado. Acho que essa é a regra do universo."

"Nunca ouvi falar dessa regra antes, mas ela faz sentido para mim. Como vão os negócios?"

"Considerando que são onze horas de uma terça-feira... nada mal. Acho que tivemos cinco clientes até agora. Eu poderia incluí-lo, mas não o considero um cliente... Só uma pessoa perita em música."

"Quase tanto quanto você."

"Pode crer."

"Suponho que eu teria de comprar alguma coisa antes de ser considerado um cliente."

"É o que geralmente acontece. No entanto, eu não seria tão exigente. É raro encontrar uma pessoa que seja ao mesmo tempo um cliente e um perito no assunto."

"Por que motivo?"

"Bem, um perito mantém uma distância necessária, como um crítico de gastronomia ou algo semelhante. Um crítico de gastronomia nunca revela sua preferência por determinado prato. Seria como mostrar a mão num jogo de cartas. Ele jamais faz amizade com o proprietário do restaurante."

"Isso quer dizer que eu não deveria fazer amizade com você."

"Ora, mas isso é diferente."

"Como assim?"

"Porque eu sou tão perita quanto você. Trabalhar aqui é apenas uma frente de batalha... Lembra-se? Só estou economizando dinheiro suficiente para seguir rumo a Hollywood."

"Por que Hollywood?"

"Bem, na verdade, Vancouver. Mas ambas as cidades estão localizadas na Costa Oeste; assim, são bastante parecidas."

"Está bem. Então, por que Vancouver?"

"Você já esteve lá?"

"Sim, é bonita."

"Aí está por quê."

"Porque ela é bonita. Acho que é uma boa cidade. Toronto também não é ruim, mas não é tão bonita quanto Vancouver."

"Pois é... Toronto na verdade não é uma cidade ruim. Se eu morasse na cidade, provavelmente não estaria com tanta pressa de ir embora. É exatamente esse o motivo por que eu moro fora daqui, na periferia... a uma distância suficiente para deixar uma garota como eu maluca."

"Eu sei como você se sente."

"Afinal, quantos anos você tem?", perguntou ela.

"Trinta e oito. Não é uma idade muito avançada, mas parece um tanto estranha. Os anos passam voando, como diziam meus pais. Eu não queria acreditar neles."

"Dá-se demasiada importância à idade."

"Por que você diz isso?"

"Pense bem. Você está com trinta e oito anos e eu com vinte. Você tem quase o dobro da minha idade. Mas isso realmente faz muita diferença? Você está andando de um lado para outro neste shopping center, só Deus sabe por que razão, e sempre termina vindo para cá conversar comigo. Por que isso? Porque nós temos algo em comum que transcende a idade, ou os anos. A música assemelha-se a isso, mais do que qualquer outra coisa. A arte, talvez."

Ouvi a música que estava tocando nos alto-falantes: Bohemian Rhapsody, do Queen. Chamou minha atenção o final da música, que mostrava um dos grandes versos da música rock.

"Nada realmente importa, qualquer um pode ver isso. Nada realmente importa... Nada realmente importa para mim."

"De certa forma, isso resume tudo, você não acha?"

"Você quer dizer o Queen?"

"Sim. Ouvi alguns homens idosos dizerem as mesmas palavras há alguns minutos: 'Nada realmente importa.' É uma verdade quando você reflete sobre isso. Talvez seja uma das leis universais que estamos buscando. Um dos homens idosos disse que, afinal, nada realmente importa senão o amor. Você concorda com isso?"

• 3ª LIÇÃO: NADA REALMENTE IMPORTA... •

"Ei, eu sou uma fã dos Beatles. É claro que concordo. *All you need is love*. É nisso que eu acredito."

"Assim, todos os tipos de diferença desaparecem, e o que nos resta é algo real, algo revolucionário."

"Você está começando a parecer Bob Dylan."

"O que não é ruim."

"De jeito nenhum."

"Nada importa senão o amor. Isso de certa forma coloca as coisas no seu lugar."

"Por falar nisso, é melhor eu voltar para o trabalho. Tenho de ir lá para trás esvaziar algumas caixas. Mas tenho a impressão de que você vai voltar."

"Existe uma forte possibilidade de que isso aconteça."

"Ótimo. Você quebra a monotonia das coisas por aqui."

"A propósito", disse eu quando comecei a me afastar, "qual é o seu nome?"

"Você não vai adivinhar."

"Certo."

"Penny... E meus amigos me chamam Penny Lane[*]. Bonito, não?"

❖ ❖ ❖

Eu percebi que estivera sentado diante da loja de *lingerie*, olhando fixamente os manequins em trajes íntimos, e retornei ao meu estado consciente. Eu me perguntava co-

---

[*] Nome de uma canção dos Beatles (N.E.).

mo chegara até ali, sem nenhum esforço ou intenção consciente. Eu saíra da loja de música sem destino certo, perambulara por algum tempo entrando e saindo de diversas lojas, e quando dera por mim minha atenção estava totalmente voltada para uma exposição de sutiãs. Que coisa embaraçosa! Olhei à minha volta e tentei parecer descontraído, esperando que ninguém tivesse notado a minha grande perturbação. Tão logo senti que estava a salvo, prossegui a minha singular inspeção, esperando descobrir a estranha atração hipnótica que ela exercia.

As mulheres entravam e saíam, mas nenhuma delas ficou marcada na minha mente. Havia algo a respeito da idéia em si que transcendia a realidade... Era isso o que me atraía, tenho certeza. Eu não queria ver uma mulher de carne e osso sair da loja em lindas calcinhas e sutiã; eu queria a liberdade de criar toda essa situação na minha mente, da maneira que eu desejava que ela fosse. Isso é o que define uma obsessão: tem muito pouco a ver com a realidade física e muito a ver com a realidade imaginária. Mas a imaginação tem o seu preço. Em breve comecei a sentir uma onda de culpa percorrer minhas veias. Eu nada fizera para me sentir envergonhado, não no sentido físico, mas o que fiz em pensamento era igualmente irracional.

Levantei-me e afastei-me dali, subitamente desgostoso com o meu comportamento. Afinal, eu estava fazendo um retiro, não importa quão informal pudesse ser, e ficar observando o interior de uma loja de roupas íntimas para senhoras não se encaixava nas normas de procedimento. Fora uma falta de bom senso, e isso me vergastou durante todo o caminho pelo corredor.

• 3ª LIÇÃO: NADA REALMENTE IMPORTA... •

Não obstante, lembrei-me da lição do dia, a lição que ouvira do homem idoso na praça de alimentação, e depois, mais uma vez, na loja de música. "Nada realmente importa... qualquer um pode ver." De que modo ela se aplicaria ao meu dilema moral? Naturalmente, do mesmo modo que se aplica a qualquer outra coisa. Freqüentemente eu afirmo que só o amor é legítimo. "Nada realmente importa, senão o amor", como Marcus havia dito. Se isso é verdade, então não há nada que possa ofuscar essa afirmação correta. Eu posso fazer qualquer coisa que queira e, no fim, isso não importa.

Ora, esse é um tema que podemos debater continuamente. E quanto a um assassino ou um estuprador... seus crimes não importam? Definitivamente, nem isso importa, mas isso não significa que não iremos sofrer os resultados de nossos pensamentos e de nossos atos. Tudo isso significa que o amor de Deus por nós é eterno, é perfeito. Não há nada que possamos fazer para impedi-lo. No fim, o amor sempre prevalece.

Que ponto de vista otimista para alguém que momentos antes utilizou uma alavanca para afastar sua atenção da loja de *lingerie*! Se eu puder aplicar essa regra a erros mais graves, então o progresso é certo. Essa parece ser uma lição simples, mas que é freqüentemente negligenciada. Uma vez adotada, ela deve se estender aos outros. Isso, eu aprendi; é a chave para a misericórdia. Essa é uma tarefa que vem de dentro para fora, como tudo o mais de natureza espiritual.

❖ ❖ ❖

Enquanto caminhava para o centro do shopping, vi o guarda de segurança do dia anterior em pé ao lado de uma coluna observando os freqüentadores. A princípio, decidi ficar a distância, observando-o por um momento, mas sem me aproximar demais para que ele não ficasse desconfiado. Ele era um homem severo, que levava o seu trabalho a sério. Isso devia ser melhor do que um guarda não levar seu trabalho a sério, mas talvez não muito melhor. Eu me perguntava se ele era daqueles tipos superzelosos cujo entusiasmo os leva a ultrapassar em um ou dois níveis os limites do bom senso. Com os polegares enfiados no cinto, balançando-se de um lado para outro, ele me fez lembrar Barney Fife, personagem de uma peça de teatro, embora fosse muito mais corpulento. E embora eu imaginasse que não seria muito prudente, sabia que tinha de aplicar a lição que acabara de aprender. Mesmo que isso significasse pôr em risco todo o meu retiro, eu tinha de falar com ele mais uma vez.

Aproximei-me dele lentamente, como que para não espantar a minha vítima. Sua atenção estava concentrada no espaço de mais ou menos 90 graus à sua frente. Por isso, decidi me aproximar pela esquerda, fora de sua área de visão. Se ele me percebesse muito cedo e lembrasse do nosso encontro anterior, isso poderia assustá-lo e fazer com que reagisse. Mas se eu pudesse chegar perto o bastante, talvez ficar ao lado dele antes de me apresentar, haveria uma oportunidade de "romper as linhas inimigas". Eu estava na metade do caminho e ele ainda não havia notado a minha presença. Trinta segundos depois eu estava junto dele, e decidi enfrentá-lo para ver o que acontecia.

"Olá, seu guarda", disse-lhe eu. "Espero que esteja tendo um bom dia."

Ele me olhou com desconfiança, e então seus olhos se arregalaram de espanto enquanto se lembrava de quem eu era.

"Sim, estou tendo um bom dia." Então hesitou como se não estivesse seguro do que fazer naquela situação. Eu o havia confundido, isso era óbvio, pois se eu fosse um causador de problemas não estaria tão interessado em estabelecer contato. Ou haveria um motivo mais secreto e sinistro na minha mente — estaria eu desviando sua atenção de alguma coisa, de algum delito que ele não deveria notar? Eu podia ver tudo isso passar pela sua mente enquanto ele me fitava; então ele olhou à sua volta e depois olhou novamente para mim. "Há algo que eu possa fazer pelo senhor?"

"Não, eu só queria cumprimentá-lo. Nosso diálogo ontem foi tão rápido que não tive oportunidade para... Bem, para me apresentar adequadamente. Meu nome é Jimmy. E o senhor é..."

"Senhor, se não se incomodar, preciso voltar ao meu trabalho. E, por favor, tenha cuidado... A segurança neste shopping é muito severa e temos um histórico exemplar de prisão de delinquentes."

Eu não sabia bem se ele estava tentando me proteger ou me advertir. De qualquer maneira, eu não tinha outro motivo em mente. Eu não consegui pensar em ninguém que eu tivesse conhecido naquele shopping que fosse mais diametralmente oposto a mim, e essa parecia ser a oportunidade perfeita para pôr em prática o que eu havia aprendido.

Não importava quão diferentes nós fôssemos; éramos essencialmente iguais, pelo menos nas esferas que realmente importam.

"Obrigado, seu guarda. Fico grato pelo que o senhor está fazendo aqui. Só para que o senhor saiba, sou um escritor e estou fazendo uma pesquisa para um livro. Eu não queria que o senhor tivesse uma impressão errada a respeito do que aconteceu ontem."

Sua atitude pareceu se abrandar, e ele ficou visivelmente mais relaxado, como alguém que subitamente percebe que estava sendo filmado para uma "pegadinha". "Ah, compreendo... Sim, ontem o senhor me deixou um pouco preocupado, mas suponho que aquilo era parte da sua pesquisa, então? Eu não quis interferir com o seu processo criativo, sabe. Só que me pareceu um tanto estranho... Mas não tem importância; não houve nada de mal."

"Estou feliz que tenha compreendido. O senhor gosta do seu trabalho, não é?"

"Eu adoro o meu trabalho", disse ele. "Estou ajudando as pessoas, e isso é tudo o que importa. As pessoas precisam saber que estão em segurança e podem fazer suas compras sem medo. Algumas pessoas acham que eu levo tudo muito a sério, mas isso é melhor do que não levar nada a sério."

"Sim, eu sei o que o senhor quer dizer."

"Tenho certeza de que o senhor também leva a sério a profissão de escritor, certo?"

"Bem, algumas vezes."

"Pois devia fazer isso. O senhor é um autor famoso, alguém cujo nome eu deveria reconhecer?"

"Provavelmente não, lamento."

"Bem, talvez este seja o livro que fará com que isso aconteça; quero dizer, o livro para o qual o senhor está fazendo a pesquisa atualmente."

"Assim espero. Bem, já tomei bastante do seu tempo. É melhor eu deixar que o senhor volte à luta contra o crime."

"Então está bem. Foi um prazer conversar com o senhor."

Fiquei confuso com a experiência, mas a lição fora aprendida. Afinal de contas, não éramos diferentes em nada.

4ª Lição

A arte do egoísmo divino

Estava quase na hora do almoço e eu queria saber se o Homem do Café havia interrompido o seu trabalho, como fizera no dia anterior. Postei-me junto à entrada da praça de alimentação e observava os freqüentadores. A grande quantidade de pessoas que se concentrava em satisfazer aquela fome mais imediata fez-me sentir que eu não estava sozinho naquele local. Quer soubessem ou não, todas elas estavam em um tipo de retiro, pois a vida em si mesma é a verdadeira mestra, a verdadeira imersão espiritual. O modo de conduta do místico é simplesmente o reconhecimento desta verdade: o reconhecimento do imediatismo da santidade e da urgência do despertar. Então a estrada se abre e todos os sinais apontam em direção à verdade, não importa qual seja a definição de cada um. A verdade, afinal, não pode ser limitada a palavras ou conceitos, mas caracteriza-se pelas experiências que levam a pessoa à felicidade. Todas aquelas pessoas estavam no mesmo caminho, embora a maioria delas não estivesse consciente desse fato.

Finalmente, encontrei-o sentado no mesmo banco que havia ocupado no dia anterior. Pelo que pude perceber, aquele era o *seu* banco, com seu nome gravado em uma pequena placa de metal. "Homem do Café", lia-se nela, "Reservado". Não me surpreendia que ele fosse um homem que observava uma rotina. Seu trabalho, afinal, era satisfazer o desejo do público por aquela bebida amarga da qual eu tanto gosto e à qual eu sei que um dia deverei renunciar. Fiquei chocado, exatamente como da primeira vez em que o vi ali sentado, por ele parecer tão solitário. Mesmo com todas as pessoas se acotovelando no seu caminho para entrar naquele lugar, ele permanecia uma verdadeira ilha, indiferente ao tumulto que crescia. Comprei um sanduíche e sentei-me no banco ao lado dele.

"Olá, Homem do Café", disse eu. "Prazer em vê-lo novamente."

Ele pareceu se assustar e olhou para mim em pânico, como se temesse o que iria encontrar. Quando ele viu que era eu, relaxou e sentou-se novamente no seu banco. "Ah, olá", disse ele. "Você esteve aqui ontem. É claro, você é a pessoa para quem eu fiquei de trazer o material."

"Sim, isso mesmo. Você me perguntou se eu era cristão e não pareceu satisfeito com a minha resposta."

"Não que eu não tenha ficado satisfeito", disse ele, enquanto colocava o seu sanduíche em cima do saco de papel, comprimindo-o contra a mesa. "Eu só queria lhe dar uma perspectiva mais ampla... uma imagem mais completa."

"Eu entendo... e é por isso que estou aqui."

"E isso revela sinceridade... o primeiro passo."

"Em direção a quê?"

"Como assim?"

"O primeiro passo em direção a quê?"

"Bem, em direção à verdade, é claro. Não é isso que você está buscando?"

"Não é isso que todos nós buscamos?"

A pergunta pareceu paralisá-lo por um instante, como se ele naquele momento compreendesse que somos todos iguais, independentemente de nossas diferenças filosóficas ou religiosas. Mas então o seu bem-treinado verniz retornou e ele continuou a sua cruzada.

"É claro que todos nós buscamos a verdade. Mas quantos de nós a encontram... Esse é o verdadeiro problema. Quantos de nós encontram a verdade?"

"Acho que, no fim, todos nós depararemos com ela", disse eu.

"O que você quer dizer?"

"Bem, acho que no fim a verdade nos encontra... Você não acha? Temos maneiras diferentes de chegar lá. Alguns são rápidos, alguns são lentos, mas até uma tartaruga acaba atingindo a linha de chegada."

"Uma tartaruga?"

"Sim, não se lembra..."

"Ah, é claro, mas era um jabuti, não uma tartaruga."

"Desculpe."

"Seja como for, não é tão simples. Alguns de nós se perdem ao longo do caminho e nunca atingem a linha de chegada. Observe essas pessoas... Todas elas estão preocupadas com a sobrevivência e o prazer, nunca pensam no Senhor."

"Você quer dizer Jesus?"

"Jesus, é claro. Jesus é o único caminho para a verdade. Sem Ele estamos perdidos."

"Posso concordar com isso até certo ponto", disse eu.

"O que quer dizer?"

"Bem, como eu lhe disse ontem, eu acredito em Jesus, e em tudo o que Ele ensinou. Mas é a personalidade dEle ou o Seu exemplo que deveríamos seguir?"

"Os dois, é claro."

"E para muitas pessoas isso dá um ótimo resultado; mas existem outras que fazem escolhas diferentes, ou que foram educadas de maneira diferente. Quando eu era jovem, ensinaram-me que todos nós temos de aceitar Jesus ou estaremos perdidos... indo para o inferno. Deus há de ter piedade de algumas crianças africanas que nunca ouviram falar de Jesus, mas levam uma vida satisfatória; porém, se elas tivessem alguma vez tido a felicidade de ouvir as palavras dEle e não as seguissem... bem, você conhece o final. Não faz muito sentido para mim."

"Sim, mas..."

Era a minha deixa, e eu não ia abrir mão dela. Minha excitação tinha aumentado e não pretendia mudar de assunto. "Isso significaria não que Ele não tem compaixão, e esse, creio eu, é um dos principais atributos de Deus. Como pode Deus ensinar alguma coisa de que Ele, ou Ela, não entende?"

"E como você descreve isso?"

"Dê aos outros o que você deseja receber."

"Dê aos outros o que você deseja receber?"

"Sim, essa foi a Sua principal mensagem — dar e receber são a mesma coisa. Portanto, se você deseja alguma coisa na sua vida, dê essa coisa."

"Mais isso é egoísmo."

"Por quê?"

"Porque a pessoa está dando para receber."

"De certo modo, sim. Mas o que há de errado nisso? Vamos chamá-lo de Egoísmo Divino. Na verdade, ele está exatamente de acordo com as leis universais, que são aquelas ensinadas por Jesus. Todos nós desejamos amor e paz na nossa vida, e o que há de errado em oferecê-los?"

"Não há nada de errado em oferecê-los."

"Então estamos de acordo?"

"Não, de jeito nenhum, pois ignoramos Jesus."

"Por que você diz isso? Como você pode ignorar Jesus quando dedica a sua vida a tudo o que Ele ensinou? Ele não disse que você conhecerá uma árvore pelo fruto que ela produz?"

"Bem... sim."

"Portanto, essa é a resposta... Se você quiser amor, dê amor. Se quiser paz, dê paz. É tudo tão simples. Egoísmo Divino. Acho que isso é revolucionário."

Houve uma longa pausa durante a qual o Homem do Café me fitava nos olhos. Eu não conseguia dizer se ele estava de acordo com a minha opinião ou de volta ao início da nossa conversa. Então ele começou a embrulhar a segunda metade do seu sanduíche, limpou os farelos de sua roupa e levantou-se para ir embora.

• 4ª LIÇÃO: A ARTE DO EGOÍSMO DIVINO •

"E eu pensava que iria aconselhá-lo", disse ele. "Você me deu algo em que pensar. Egoísmo Divino. É um conceito interessante. Talvez haja algo a respeito disso."

"E aquele *cappuccino* que você prometeu ainda está de pé?", perguntei enquanto ele se afastava.

"Bem, se é *cappuccino* que eu quero, então é *cappuccino* que eu dou. Passe por lá quando quiser."

❖ ❖ ❖

Quando eu saía da praça de alimentação, vi o meu guru, o Homem dos Sapatos, caminhando para a sua loja. Eu o cumprimentei e ele me pegou pelo braço e levou-me na direção em que estava caminhando.

"Este é o seu dia de sorte", disse ele. "O meu auxiliar não veio e eu preciso da sua ajuda. Hoje você vai aprender a refinada arte do conserto de sapatos."

"Mas estou..."

"Não, não precisa me agradecer. Sei que você tem estado por aí preenchendo muitos pedidos de emprego e comparecendo a muitas entrevistas, mas agora não precisa mais continuar com isso. Vejo o brilho em seus olhos, uma coisa necessária no meu trabalho porque os sapatos são muito importantes. Estou certo de que você sabe o que eu quero dizer. Portanto, você começa hoje."

Eu não sabia o que dizer, mas parecia não ter escolha. Antes que me desse conta do que estava acontecendo, encontrava-me na oficina de sapatos com um avental à volta da cintura, engraxando um par de sapatos pretos.

"Estou muito grato pela sua ajuda", disse o Homem dos Sapatos. "Com tantos consertos não tenho tempo para engraxar os sapatos."

"Estou contente por ter passado por aqui."

"Isso não aconteceu por acaso... sabe? Nada acontece por acaso. Você tinha necessidade e eu tinha necessidade. Agora, estamos ambos satisfeitos."

"Eu tinha necessidade?"

"É claro. Por que outro motivo você preencheria um pedido de emprego?"

"Ah, sim, é claro", disse eu, mas naturalmente aquilo era mais profundo do que eu pensava. Ele tinha razão, não apenas quanto à necessidade de dinheiro. O que eu necessitava era ajuda no processo de mudança da confusão para a lucidez. E era disso que ele, de certo modo, necessitava. Aquela era uma grande oportunidade para pôr em prática o Egoísmo Divino. Pensei comigo mesmo: "Dê aquilo que você necessita." Eu podia sentir a minha alma começar a ganhar brilho junto com os sapatos.

"Sim... o acaso não existe", disse o Homem dos Sapatos mais uma vez, sem erguer os olhos do trabalho. "O que você necessita eu lhe dou, e você também me dá o que eu necessito. É assim que funciona o universo, porque é ajudando os outros que nós somos ajudados."

"É estranho, mas eu estava pensando exatamente a mesma coisa", disse eu.

"Essa é uma lei, como a lei da gravidade. Porém essa lei não nos atrai para baixo; ela nos impele para o alto. Quando esquecemos as próprias necessidades e nos concentramos em ajudar os outros, ficamos felizes e podemos até esquecer aquilo de que necessitamos porque somos supridos de uma maneira diferente. Então o universo flui como água para encher todas as lacunas em nossas vidas. Quando nos concentramos em ajudar os outros, somos ajudados de todas as maneiras, geralmente sem pedir ou mesmo sem saber como a ajuda aconteceu."

"Você é muito sábio, Homem dos Sapatos."

"Essas coisas são muito simples. É uma pena termos esquecido como a verdade é simples. Minha mãe era muito sábia, uma mulher muito respeitada na China, quando eu era um menino. As pessoas vinham até ela de todos os lugares da nossa região e ela as ajudava da maneira que fosse possível. Às vezes ela lhes dava conselhos, outras vezes dava-lhes comida. E sempre tínhamos o suficiente para nós mesmos, embora nunca tivéssemos dinheiro. Aprendi muito apenas observando a vida da minha mãe, e agora quero viver da mesma maneira."

"É exatamente por isso que estou aqui: para aprender com você."

"E você veio para aprender mais do que consertar sapatos, não é?" Havia um brilho em seus olhos como se ele percebesse mais do que dava a entender. Fiquei em dúvida se deveria contar-lhe por que eu estava ali. "Sim... você está aqui para aprender a respeito da vida, de um velho sapateiro chinês. Bem, tudo o que você precisa saber está exatamente ao seu alcance."

"Fale-me mais."

Ele pôs de lado o sapato no qual estava trabalhando e caminhou para onde eu estava. Apoiou o braço sobre a enorme máquina de metal que faz alguma coisa, mas ainda não sei o quê, e apanhou o sapato que eu estava lustrando com ambas as mãos. "Todos nós somos como um par de sapatos que caminha do começo ao fim da vida. Iniciamos nossa caminhada novos e lustrosos; então nos colocam no chão e nos dizem para andar. Não podemos ficar fora de circulação o dia inteiro, embora seja essa a maneira de nunca receber poeira sobre o nosso belo polimento, ou de não sermos desgastados pelo mundo. Temos de vivenciar as coisas, e isso significa ficar junto da terra e a terra nos cobrir totalmente. Antes de nos tornarmos conscientes disso, estamos exaustos e desgastados e podemos até estar com furos nas solas. Mas é aí que começa o verdadeiro desafio. Temos de encontrar uma maneira de sair do chão e nos afastarmos durante algum tempo. Fazemos uma pausa, e isso é como estar sendo polido com um pano fino e macio. E quando menos percebemos, o brilho começa a voltar e podemos respirar novamente. Então descobrimos alguém em quem podemos confiar que remenda os furos, dando-nos uma nova sola com a qual podemos caminhar tranqüilamente, muito mais do que antes. A vida não é a mesma coisa? Todos nós precisamos descansar para poder manter o nosso brilho. Então podemos ajudar a alguém mais."

"Porque é assim que somos ajudados... Dê aquilo de que você necessita."

"Sim, dê aquilo de que você necessita. É exatamente isso. Se todos nós déssemos aquilo de que necessitamos, poderíamos então nos estar polindo mutuamente e remendando os furos das solas uns dos outros. Assim, ninguém mais perderia o brilho. Ele refletiria o sol de uma maneira tão perfeita que não precisaríamos fechar nossos olhos ao seu brilho."

"É surpreendente o que você pode aprender por meio de um par de sapatos", disse-lhe eu.

"A vida é o meu único mestre. Isso é tudo de que todos nós precisamos."

"Sim, o shopping center tem sido o meu mestre."

"Oh, um shopping é um bom lugar para se aprender a respeito da vida. Todos vêm ao shopping, embora nem sempre pela razão que imaginam. As pessoas trazem-me seus sapatos, mas tento dar-lhes mais. Até um simples sorriso pode mudar a vida de uma pessoa."

5ª Lição

A prática do que é verdadeiro

Na manhã seguinte, bem cedo, cheguei ao shopping center cheio de energia e entusiasmo. Era o terceiro dia do meu retiro de cinco dias, o que queria dizer que na hora do almoço eu estaria na metade da minha jornada. Por mais estranho que possa ter parecido no primeiro dia, quando telefonei para Karin a fim de comunicar minha aventura tão pouco convencional, eu estava começando a me sentir em casa no shopping center. Uma idéia como essa seria, na melhor das hipóteses, discutível, e eu deveria me considerar uma pessoa volúvel. No entanto, as coisas haviam mudado completamente a partir de algumas conversas e observações. Talvez essa mudança se referisse menos ao shopping center do que a uma afirmação a respeito da própria vida. Afinal, não estamos separados por quilômetros, mas por centímetros; não por insuperáveis disparidades, mas por alguns simples conceitos. Mude esses conceitos e todo o universo desmorona à sua volta.

Na eventualidade de o Homem dos Sapatos me aliciar para o trabalho dois dias seguidos, decidi evitá-lo por algum

5ª LIÇÃO: A PRÁTICA DO QUE É VERDADEIRO

tempo. A opinião dele fora um dos pontos altos do meu retiro, mas havia muitas outras ainda a serem exploradas. Eu o procuraria mais tarde naquele dia, depois de ter absorvido lições espirituais em outros setores.

Em vez disso, pensei na Dama dos Livros, com quem eu havia conversado casualmente no primeiro dia, a mulher que tão firmemente se agarrara à sua mesa de trabalho e parecera tão receosa de se aventurar entre as estantes. Talvez eu tivesse sido muito ríspido com ela, pensei comigo mesmo. Em vez de compaixão, eu tinha preferido empurrá-la para a beira do precipício da aflição, o que fez com que ela corresse a se refugiar em terreno conhecido. Eu tinha sido frio e indiferente aos sentimentos dela. Com a pretensão de ser um mestre espiritual, alguém que ajuda as pessoas a enfrentar, e depois remover, os bloqueios do medo, no seu caso eu havia contribuído para reforçar esse medo.

Sentei-me em um banco para pensar na minha próxima atitude. Eu deveria dirigir-me a ela sem rodeios e pedir desculpas por meus atos? Isso parecia imprudente, uma vez que ela provavelmente não compreenderia a minha intenção. Melhor modificar o curso da minha indiscrição e curar com uma benevolente intenção os ferimentos que eu havia causado. Decidi fazer o que estivesse ao meu alcance para gentilmente confortá-la em vez de atormentá-la.

Parado do lado de fora da loja, eu podia vê-la em pé, atrás do balcão. Era como se ela não fizesse nenhum movimento, mas tivesse as unhas cravadas tão profundamente no balcão que lhe era impossível afastar-se dali. Ela esquadrinhava a loja nervosamente e observava dois ou três clientes que passavam os olhos pelas estantes. Um jovem aproximou-se dela e pareceu perguntar a respeito de um determinado livro. Ela apontou na direção da prateleira e até fez um rápido movimento de cabeça, mas nem por um momento afastou-se do seu posto. Entrei na loja e fingi procurar um livro. Eu a observava pelo canto do olho, o pássaro empoleirado em um galho delgado, incapaz de voar, e imaginei o que fazer em seguida.

Lembrei-me então de uma das minhas lições favoritas do Homem dos Sapatos. Ele dissera que tudo o que fazemos é um ato de amor ou um pedido de amor. Portanto, a única reação adequada em qualquer situação é dar amor. Essa era a resposta. Em nosso primeiro encontro, ofereci a ela uma agressão, questionando-a com energia. Decidi mudar minha abordagem, acalmando seu espírito, lisonjeando-a com modos afetuosos.

"Olá, será que a senhora pode me ajudar?", disse-lhe eu.

Houve uma longa pausa enquanto perscrutamos um ao outro. Honestamente, eu não sabia o que dizer, uma vez que tinha me aproximado do balcão sem nenhum plano definido. Imaginei que tudo viria à minha mente no momento devido, mas naquele instante absolutamente nada me ocorria.

"Pois não", disse ela.

"Eu gostaria de encomendar um livro."

Esse fora o primeiro passo, embora eu estivesse voando sem radar. De algum modo, eu precisava criar uma ponte entre uma conversa normal em uma livraria e... o que quer que eu desejasse realizar. Mas o objetivo era indefinido, e isso tornava a ação igualmente confusa. Mais uma vez permanecemos parados olhando um para o outro.

• 5ª LIÇÃO: A PRÁTICA DO QUE É VERDADEIRO •

"Tem certeza de que não temos o livro que está procurando?", ela perguntou com um tom de voz suave. "Vou verificar no banco de dados. Qual é o título do livro?"

"Ah, sim, *Retrato do Mestre*, de James Twyman."

"Temos um livro desse autor, *Emissário da Luz*, mas não o que o senhor está procurando. Gostaria que eu o encomendasse agora?"

Eu não podia acreditar no que estava acontecendo. Aquela não podia ser a mesma pessoa que eu havia encontrado há dois dias, a mulher aterrorizada que não dizia uma palavra, a menos que eu a arrancasse dela. Esperei que ela saísse de trás do balcão a qualquer momento, comprovando que a minha experiência anterior fora apenas um sonho. Ela digitou algumas palavras no computador e segundos depois a negociação estava completa.

"Pronto... ele deverá estar aqui dentro de uma semana. Qual é o seu nome, por favor, para que eu possa anotá-lo na reserva?"

Ela quase conseguiu. Instintivamente ia dando o meu nome, quando percebi quais seriam as conseqüências, se eu o fizesse. Por que eu estaria fazendo um pedido do meu próprio livro? Isso nos levaria de volta ao começo; assim, imediatamente criei um nome falso.

"Fred James", disse eu, combinando meus dois primeiros nomes.

"E o número do telefone?"

"Bem, estou de visita à cidade e não me lembro do número do telefone do meu amigo. Por que não combinamos de eu vir até aqui apanhá-lo?"

"Está bem, deixe-me verificar uma coisa." Ela saiu apressadamente de detrás do balcão e encaminhou-se para a estante. Incrível! Sua atitude foi tão natural, sem o menor sinal do medo que eu havia percebido anteriormente! Eu a segui para verificar se poderia aprender mais alguma coisa.

"Não... sinto muito... Pensei que havia identificado o título. Acabamos de receber um novo estoque e nem tudo deu entrada ainda."

"Mesmo assim, obrigado por verificar."

A Dama dos Livros sorriu e depois retornou para sua mesa de trabalho. Eu retribuí o sorriso e me encaminhei para a porta, procurando um lugar para refletir sobre o que eu havia descoberto.

Então eu perguntei a mim mesmo: o que mudou, a Dama dos Livros ou a percepção que eu tinha dela? Em dois dias, seu modo de agir se transformara completamente, e minha opinião tinha de ser modificada. No primeiro dia do meu retiro, eu me colocara como seu antagonista, e ela correspondera à altura. Dois dias depois, eu tinha um ponto de vista diferente, preferindo, ao contrário, ver o seu lado bom. E, como por milagre, sua personalidade se modificou para se ajustar à minha decisão. Era como se ela fosse uma outra pessoa, ou como se eu o fosse... sei lá.

E se isso pode acontecer em relação aos outros, por que não podemos realizar essa mágica em nós mesmos? O que aconteceria se nos víssemos como os seres perfeitos que sempre desejamos ser? Seria suficiente mudar os fundamentos da própria personalidade para refletir essa perfeição? Fingir até conseguir... Todos nós já ouvimos algo as-

• 5ª LIÇÃO: A PRÁTICA DO QUE É VERDADEIRO •

sim. Talvez haja mais bom senso nisso do que imaginamos. E o que aconteceria se estivéssemos fingindo algo que já é verdadeiro? Que idéia! E se algo já é verdadeiro, o que isso significa? Talvez ele nos revele que a versão, a definição ou o conceito que tínhamos de nós mesmos é que era a ilusão, e que a versão perfeita é a verdade concreta. Enquanto estava ali sentado no banco, olhando para a mulher no balcão, eu podia sentir as peças do mecanismo se encaixando em seus lugares. Decidi pôr à prova a minha teoria.

❖ ❖ ❖

Cheguei à conclusão de que eu estava iluminado. A princípio, senti-me como que embriagado ao caminhar pelo shopping center, olhando através dos olhos de uma pessoa iluminada. Eu olhava para todas as pessoas pelas quais passava e percebia que elas eram belas, independentemente de sua aparência. Não havia nenhuma demonstração exterior ou atitude significativa do que eu fazia, apenas uma sensação de paz que eu queria transmitir, como se desejasse que as pessoas soubessem como elas eram estimadas. Afinal, não é isso o que faz um ser iluminado? Não estou falando de iluminação ostensiva, dos erroneamente chamados mestres que fazem questão de que o mundo saiba que eles são iluminados. Conheci pessoas de quem estava convencido que haviam rompido o véu entre este mundo e o outro, que possuíam uma sensação de segurança interior que não podia ser exposta ao mundo exterior, mas da qual ninguém jamais duvidaria. Alguma coisa que, embora elas fossem totalmente humanas no mais verdadeiro sentido da palavra, mantinha o seu brilho como se fosse um diamante. Eu queria praticar, e mesmo que estivesse cometendo uma fraude, aquilo fazia com que eu me sentisse bem.

Ou era uma tomada de posição consciente do ego em relação a um objeto de intenção? Quanto mais eu praticava essa fraude, melhor compreendia uma das mais importantes de todas as lições espirituais: Nós já somos iluminados. O fato é que fingimos *não ser iluminados*, e nos sentimos tão bem com isso que esquecemos a verdade. Fomos condicionados a pensar em nós mesmos como fracos, vulneráveis e solitários, e quebrar esse encantamento e lembrar que essas coisas não são possíveis requer esforço. Esse é o primeiro passo para vivenciar a iluminação, a compreensão de que, não obstante estejamos ou não conscientes disso, é verdadeira. Damos início, então, ao processo de nos livrarmos de todas as coisas que não são verdadeiras, e isso pode levar algum tempo. Há quantos anos vimos acumulando essas falsas crenças, todas as atitudes anormais e prejudiciais que fizeram do mundo o que ele é hoje? Enquanto caminhava de um lado para outro no shopping center, "fingindo iluminação", todas aquelas verdades começaram a inundar a minha mente como se tivessem estado à espera de ser reveladas.

Algumas mulheres mais idosas passaram por mim e esbocei-lhes um amplo sorriso. De início, elas pareceram surpresas, depois mudaram de atitude e retribuíram o meu sorriso. Essa cena tornou a ocorrer vezes sem conta, como se todo o shopping center tivesse sido contagiado. E era isso mesmo. Da mesma maneira que eu havia descoberto com a

5ª LIÇÃO: A PRÁTICA DO QUE É VERDADEIRO

Dama dos Livros, minha atitude e meus pensamentos estavam criando a minha realidade. Se eu estivesse caminhando pelo mesmo shopping, naquele mesmo momento, maldizendo o mundo e com uma expressão carrancuda, sem dúvida veria o mundo carrancudo à minha volta. Que descoberta surpreendente! Nós já ouvimos essa idéia expressa por muitos mestres em todo o mundo, mas experimentá-la realmente pela primeira vez é uma outra história.

Isso me fez lembrar as muitas vezes em que eu havia viajado a países destruídos pela guerra para realizar concertos pela reconciliação. Eu fazia preces em lugares devastados pela violência, geralmente a convite do governo local, e a cada vez eu me descobria "procurando a guerra". Por quê? Pelo fato de a minha intenção ser a de demonstrar paz, conseguir paz, eu atraía situações pacíficas onde quer que eu fosse. Quando fui convidado por Saddam Hussein para ir ao Iraque ao mesmo tempo que bombardeiros dos Estados Unidos preparavam um ataque em larga escala, pensei que seria recebido com escárnio. Ao contrário, todas as pessoas que encontrei foram corteses, gentis e se mostraram felizes por eu estar ali. Se eu tivesse ido para lá sem um propósito definido, a situação poderia ter sido muito diferente.

Meu eu iluminado prosseguiu seu passeio pelo shopping center. Isso me deixou curioso por saber o que aconteceria se passássemos algum tempo todos os dias com essa mesma visão. Normalmente, vemos a iluminação em magníficas tonalidades, como se ela tornasse uma pessoa especial ou melhor que as outras, por ver como Deus vê. Mas quando nós mesmos a praticamos, ela assume um tom completamente diferente. A iluminação torna-se comum — não no sentido banal da palavra, mas de uma maneira que faz o milagre parecer normal. Os milagres são naturais quando adotamos essa atitude mental, e eles deixam de ser considerados estranhos ou incomuns. Descobri outro maravilhoso subproduto dessa prática: quando você age como se estivesse iluminado, começa a perceber os outros agindo do mesmo modo. Eu chamo essa atitude de "a prática do que é verdadeiro", e ela se tornou concreta para mim naquele dia. O fato é que há muito tempo estamos praticando o que não é a verdade. Mas quando mudamos essa tendência e nos concentramos em graça, em vez de pecado, e em paz, em vez de agressão, então a verdade correspondente é atraída naturalmente para dentro da nossa vida, sem nenhum esforço. E que melhor lugar para praticar essa habilidade do que um shopping center cheio de gente?

Resolvi que o terceiro dia do meu retiro seria o "Dia para a Iluminação". Passei horas observando pessoas e observando a mim mesmo. No final das contas, foi uma das ocasiões mais produtivas de que posso lembrar, pois praticar o que não é verdadeiro exige muito mais esforço. Aja com sinceridade e você vai se surpreender com o fato de a iluminação ser tão simples.

6ª Lição

Para Deus não importa o que você faz...(e sim, quem você é)

Estava na hora de aceitar a oferta de café com leite grátis do Homem do Café. O dia estava passando rapidamente e o aumento de adrenalina provocado por uma boa xícara de café era exatamente do que eu precisava. A prática de estar iluminado me havia feito "voar" pelo shopping center e, embora fosse uma experiência revigorante, comecei a almejar a sensação de terra firme outra vez. E, além do mais, eu tinha certeza de que o Homem do Café ainda queria falar comigo, e eu com ele.

"Olá", disse ele quando entrei na loja. Seu ânimo estava mais elevado do que há dois dias. Seria ele, ou outro milagre causado pela minha iluminação recentemente descoberta?

"Olá, Homem do Café", disse eu. "Sabe que você não me deu o material que prometeu trazer o outro dia? Espero não o ter assustado."

"Longe disso. Nossa conversa na verdade me levou a pensar, principalmente a respeito da misericórdia. Odeio ter de admitir isso, mas ela me fez repensar muitas coisas."

"Por que você odeia admitir isso?"

"Bem, uma pessoa gosta de pensar que compreende algumas coisas, que existem coisas imutáveis na sua vida. Mas às vezes ficamos presos a certas idéias a respeito da verdade, e então perdemos a pista da própria verdade. Afinal de contas, as idéias não são o objetivo, são? É a verdade em si que estamos buscando, e isso exige uma mente aberta."

"Você está se transformando num filósofo."

"Talvez esteja", prosseguiu ele. "Nunca fui dado à filosofia. Sempre fiz o que me mandavam e acreditava no que era colocado diante de mim. No entanto, não me interprete mal. Não estou me retratando de nada, apenas expondo isso com a mente aberta."

"Não há nada de errado nisso."

"Nem poderia haver. É como você disse ontem... Deus nos ama, e isso não pode mudar. Afinal de contas, isso é misericórdia."

"Eu disse isso?"

"Ou coisa parecida. E, pensando bem, faz sentido."

"Então, você está dizendo que a Deus não importa o que você faz?"

O Homem do Café parou para pensar por um momento. As palavras lhe vinham muito depressa e ele não queria se expressar sem pensar, como se não quisesse dizer alguma coisa da qual pudesse se arrepender mais tarde. Isso era um grande obstáculo para ele. Ele havia trilhado um longo caminho para descobrir quão imensos eram o amor e a misericórdia de Deus, mas a nova idéia que eu havia proposto o colocara definitivamente em apuros.

• 6ª LIÇÃO: PARA DEUS NÃO IMPORTA O QUE VOCÊ FAZ... •

"Bem, não tenho certeza quanto a isso", disse ele finalmente. "É claro que a Deus importa o que fazemos. Por que Ele não se importaria?"

"Ou Ela."

"Seja lá como for, isso responde à pergunta."

"Bem, e se houver alguma coisa que seja mais importante? Chegamos ao ponto onde podemos admitir que a misericórdia de Deus é infinita... Parece-me que esse é, naturalmente, o próximo passo."

"Mas isso significaria que podemos fazer o que quisermos, e isso não importaria. Podemos matar e estuprar, e Deus só levará em conta as nossas outras atitudes?"

"Eu não estou dizendo isso."

"Então, o que você está dizendo?"

"Apenas que há alguma coisa que é mais importante... como quem você é... a verdade que existe em nós."

Ele colocou meu café com leite sobre o balcão e pôde digerir realmente o que eu acabava de dizer. Felizmente, o shopping estava quase deserto e ninguém entrou no café enquanto eu lá estive, quase como se os anjos estivessem ajudando a deixar o caminho livre.

"E o que isso quer dizer?", perguntou ele, com um olhar intensamente fixo.

"Bem, Deus nos criou e nos ama, certo? Nós somos feitos da mesma substância divina, tal como Deus, uma vez que nada pode ser realmente diferenciado daquilo que a tudo permeia. Isso significaria que a atenção de Deus está sempre concentrada na verdade que existe em nós, não no que fingimos ser. Por outro lado, temos a tendência de nos concentrarmos naquilo que não é real, como desintegração e morte, de onde provém todo tipo de distorção. Mas a visão de Deus é imutável; então nada disso importa. Tudo o que realmente importa é a verdade."

Eu podia ver o Homem do Café tentando alcançar o sentido do que eu estava dizendo, mas sua mente racional se recusava a aceitá-lo. "Mas isso ainda não faz sentido", disse ele. "Seria como se pecar fosse correto, como se não necessitássemos ser perdoados."

"Eu não estou dizendo isso."

"Mas é como se estivesse."

"Não podemos nos esquivar das leis deste mundo, visto que estamos aqui", disse eu, "e uma dessas leis é que a cada ação corresponde uma ação idêntica e na direção oposta. Ela se aplica tanto ao universo espiritual quanto ao universo material. Quando fazemos o bem neste mundo, tendemos então a atrair o bem para a nossa vida. Mas quando fazemos o mal, o mesmo, conseqüentemente, volta para nós. Mas será que isso significa realmente que estamos sendo punidos por Deus, ou que estamos apenas sofrendo os efeitos de nossas próprias ações? Se a primeira premissa fosse verdadeira, significaria então que Deus ama Madre Teresa mas odeia Hitler. Assim sendo, isso significaria que Deus não tem misericórdia. E se Deus ama Hitler tanto quanto Madre Teresa, mas concedeu a cada um o livre-arbítrio para criar a própria experiência de vida? Hitler gostava das trevas na sua vida. No fim, elas o dominaram e o mataram. Madre Teresa, por outro lado, dedicou a sua vida ao serviço social e ao amor, e fazendo assim granjeou a admiração de

> • 6ª LIÇÃO: PARA DEUS NÃO IMPORTA O QUE VOCÊ FAZ... •

todo o mundo. Será possível que Deus nunca prestou atenção a alguma coisa que não fosse a verdade que existia em ambos?"

"Mas isso seria... seria...?"

"Inovador", disse eu, completando a frase dele. "Isso significa que Deus não se importa com o que fazemos — mas com quem somos. Significa que Deus é a essência da misericórdia, porque nada estorva a Sua visão da verdade."

"Mas todo o mundo peca", disse ele, apegando-se ao espiritual.

"É claro que sim", disse eu, tomando finalmente um gole do café com leite. "Todos nós cometemos erros. Mas creio que estamos sendo chamados a Ver como Deus Vê e a nos concentrar na verdade mais do que no pecado. Estamos aqui para aprender a mesma misericórdia que Deus pratica o tempo todo."

"Por que é que todas as vezes que o encontro e penso que vou lhe ensinar alguma coisa, você sempre muda as regras e sou eu quem acaba aprendendo algo?"

"Não sei", disse eu. "Será que isso realmente importa?"

"Acho que não, já que estamos ambos voltados para o mesmo objetivo."

"É verdade. Estamos ambos voltados para o mesmo objetivo. Eu gosto disso."

❖ ❖ ❖

Tomei o meu café com leite e voltei à praça de alimentação para refletir sobre tudo o que acabara de dizer. Há algum tempo, eu descobrira como é importante para mim ouvir as palavras que saem da minha boca. Eu havia chegado à conclusão de que essa é uma boa lição para todas as pessoas. Freqüentemente dizemos a outras pessoas coisas às quais deveríamos nós mesmos dar mais atenção. Digo muitas vezes que ensinamos aquilo que mais precisamos aprender. É por essa razão que passo muito tempo falando sobre paz — porque paz é fundamentalmente tudo o que eu desejo na minha vida. "Pois é dando que se recebe", diz a Oração de São Francisco. Eu não estava ali para ensinar o que quer que fosse ao Homem do Café, e sim a mim mesmo.

Enquanto procurava um lugar para me sentar, descobri meus amigos, os quatro homens idosos que na verdade eu não conhecia, mas cujas conversas eu havia escutado há dois dias. Eles estavam sentados exatamente no mesmo lugar, exatamente nas mesmas posições que haviam ocupado dois dias antes. E nos seus rostos senti a mesma convicção, a expressão vigilante que fazia com que as pessoas sentissem que estavam invadindo a privacidade alheia. Felizmente para mim, o lugar no qual eu me sentara antes também estava desocupado. Sentei-me para escutar.

"É difícil acreditar que ele possa ser bem-sucedido com esse crime", disse Renaldo aos outros. "Em todo o caso, que diabos ele está pensando? O que é que o está atormentando?"

"É uma boa pergunta, Renaldo", disse Anthony. "Uma boa pergunta."

"É claro que é uma boa pergunta", continuou Renaldo. "O que você acha que eu venho repetindo esse tempo todo? Aquele rapaz é um problema. Eu já disse isso antes e vou dizer novamente."

"Então, o que vamos fazer?", perguntou Floyd sem fazer nenhum movimento com a boca.

"Não vamos fazer nada", interveio Marcus. "O que vocês acham? Que nós devemos interferir? Nem pensar."

"O que você quer dizer? Que não vamos fazer nada?", perguntou Renaldo, reassumindo o comando. "Desde quando você toma as decisões aqui? É claro que nós vamos fazer alguma coisa."

"E o que é que vamos fazer?", replicou Marcus. "Tudo o que sempre fazemos é nos sentar aqui e conversar a respeito de todas essas grandes tolices, e ficamos só na conversa. Talvez se a gente se mexesse; mas até lá..."

Eu não tinha a menor idéia a respeito do que eles estavam falando. Tudo o que eu pude depreender é que alguém que eles conheciam tinha feito alguma coisa que não tinha a aprovação deles, mas estavam indefinidos quanto às atitudes que poderiam ser tomadas. Eu queria dizer algo a eles, dar-lhes apoio e falar-lhes a respeito da minha experiência com o Homem do Café. Em vez disso, decidi ouvir mais um pouco e ver que novo saber eu poderia adquirir.

"Você não tem o direito de falar com a gente dessa maneira", disse Anthony a Marcus. "Alguém tem de fazer alguma coisa... por que não nós?"

"Por que não deixar o rapaz viver a vida da maneira que ele quer?", disse Marcus. "Todos nós já não cometemos erros? Vocês gostariam de ter um bando de velhos malucos como nós observando-os irritantemente cada vez que cometessem um erro?"

"Você não entende", disse Renaldo, inclinando-se sobre a mesa. "Essa não é a primeira vez. Ele precisa aprender uma lição."

"Nós é que precisamos aprender uma lição. O rapaz cometeu alguns erros. Quem você pensa que é, Renaldo — Deus?"

Nesse momento, eu percebi que a conversa chegaria a algum lugar.

"Ora, se eu fosse Deus, não ficaria aqui sentado esperando que ele..."

"Se você fosse Deus, você desceria do céu, afagaria a cabeça dele suavemente e depois se voltaria para nós e abaixaria a cabeça, esperando a nossa aprovação. Aposto que era isso que você faria."

A conversa ainda se estendeu por esse assunto específico, até que eles se cansaram e passaram para outro tema. Mas a lição tinha sido aprendida. Às vezes todos nós necessitamos de um empurrãozinho e de muita misericórdia. Mas a maioria de nós precisa olhar um pouco mais fundo para encontrá-los. Quem sabe o que ainda vamos aprender? Talvez não sejamos tão diferentes um do outro, afinal. E então, talvez ainda essa compreensão nos leve a algo mais profundo: que realmente não importa o que fazemos. O que importa é que não esqueçamos de quem somos.

❖ ❖ ❖

Estava na hora de voltar ao Homem dos Sapatos. Aquele tinha sido um dia incrivelmente produtivo em termos de aprendizado, e eu sabia que havia uma única maneira de manter unidas e coesas todas as lições aprendidas para serem utilizadas quando necessário. O dia tinha sido gasto na prática do que é verdadeiro, e na compreensão de que Deus se importa muito mais com quem somos do que com o que fazemos. O Homem dos Sapatos certamente teria algo a dizer a respeito desses assuntos. Ele me viu caminhando em direção à sua loja e um enorme sorriso iluminou-lhe o rosto.

"É o meu bom amigo que vem me ajudar... Ah, mas não hoje. Está muito atrasado e eu já terminei tudo."

"Está bem, Homem dos Sapatos, eu já estava de saída, mas decidi parar para dar um alô."

"Eu queria lhe perguntar uma coisa", disse-me o Homem dos Sapatos. "O que você está fazendo neste shopping center, afinal? Você não veio procurar um emprego, ou qualquer outra coisa que não tivesse encontrado até agora. Eu sinto que há um motivo mais profundo, como se você estivesse aqui para aprender a respeito de quem você é, não a respeito do que você faz."

"Essa é uma observação surpreendente", disse-lhe eu. "É exatamente sobre o que venho pensando hoje. Para responder à sua pergunta, estou aqui apenas observando — a mim mesmo e aos outros, aprendendo o que quer que o shopping tenha para me ensinar. É uma espécie de retiro."

"Um retiro... no shopping center?"

"Sim, de certa maneira é... Na verdade, acho que este é um lugar perfeito para um retiro, e tenho certeza de que você compreende isso melhor do que ninguém. Em que outro lugar podemos ficar atentos, observar, descobrindo aquilo a que somos apegados e o que amamos? É para cá que as pessoas comuns vêm para ser quem são, em um lugar onde você pode se misturar à multidão e descobrir o que quer. Já fiz retiros em diversos lugares — em mosteiros, centros espirituais... mas, depois de três dias, aprendi mais aqui do que em todos eles juntos."

"Conte-me o que você aprendeu hoje."

"Aprendi que Deus não se importa com o que fazemos, mas leva em consideração quem nós somos. Todos nós somos sagrados e abençoados, independentemente do que fazemos ou de como nos comportamos. Nossos atos podem com certeza retardar a nossa evolução espiritual, mas isso não reflete o quanto Deus nos ama. E a nós cabe imitar essa mesma atitude. Acho que essa é a chave para o perdão e a misericórdia."

"Como você sabe, fui educado como budista", disse o Homem dos Sapatos, "e isso faz com que não admitamos um Deus pessoal, como muitas outras religiões. Mas acreditamos que toda vida é abastecida e reabastecida pelas águas sagradas que finalmente nos lavam no Oceano da Divindade. Toda vida é sagrada, e é isso que você está descobrindo agora. Se nos concentrarmos em cada momento de cada dia, não importa onde estamos ou o que estamos fazendo, então a vida começa a ter sentido."

"Fico aqui durante todo o dia polindo os sapatos de outras pessoas", prosseguiu o Homem dos Sapatos. "Mas isso é apenas o que parece que estou fazendo. Na verdade, estou polindo a minha alma. Eu olho para as pessoas que passam ou para os clientes que entram na minha loja, e tento lembrar quão sagrados eles são. E isso me traz à lembrança quão sagrado eu sou, pois nós somos unos, independentemente do que façamos. Você tem razão... Este é o lugar perfeito para um retiro, não afastado do mundo. Eu digo, mergulhe no rio e deixe a correnteza levá-lo para onde ela quiser. Essa é a melhor maneira de viver, porque o rio tem suas lições para nos ensinar, e as aprendemos quando estamos dispostos a nadar."

"Então, eu acho que mergulhei no shopping center, e ele está me levando a lugares que eu não esperava."

"Essa é a beleza da vida", disse ele. "Na verdade, não podemos esperar coisa alguma, mas podemos mudar de acordo com o que temos exatamente à nossa frente. Tenho certeza de que o retiro tem muitas outras lições a lhe ensinar."

"Você tem toda a razão, Homem dos Sapatos. Tenho plena certeza disso."

7ª *Lição*

A declaração de dependência

Voltei na manhã seguinte para iniciar o meu quarto dia. Chegar cedo, antes da maioria das pessoas, era em si uma grande vantagem. A maioria das lojas começava a abrir suas portas e na praça de alimentação tinham início os preparativos para o novo dia de trabalho. Alguns clientes examinavam as vitrines, outros empurravam crianças em carrinhos, e os quatro homens idosos chegaram bem a tempo de ocupar seus lugares em sua mesa favorita. Eu começava a me sentir parte daquele lugar, como se estivesse sendo usado para lhe proporcionar harmonia. Eu quase podia antever o que aconteceria a seguir, ou quais empregados estariam em quais lojas. Pouco depois, eu estava em frente à Joalheira Raffe, e vi Peter abrindo a porta.

"Olá, tudo bem?", disse-me ele. "Faz dias que você não aparece por aqui. Comecei a ficar curioso a respeito do que poderia ter acontecido. Como você sabe, seu anel deverá estar pronto amanhã, e acho que vai ficar uma beleza."

"Ah, que ótimo", respondi. "Isso significa que o meu retiro terminará, ou que, finalmente, posso dá-lo a Siri Rishi."

7ª LIÇÃO: A DECLARAÇÃO DE DEPENDÊNCIA

"Seu retiro... o que quer dizer com isso?"

"Bem, se você quer saber, desde que cheguei aqui, há uma semana, estou fazendo uma espécie de estudo de mim mesmo — como em um retiro. Eu costumava menosprezar os shopping centers e evitá-los a todo custo. Então vim aqui para comprar o anel, e algo me aconteceu. Na verdade, ele me atirou um laço e compreendi que tinha duas opções: poderia escapar do medo e negá-lo, ou mergulhar diretamente nele e ver aonde ele me levaria. Tenho vindo aqui todos os dias desde então, e venho aprendendo algumas lições surpreendentes, tudo porque comprei um anel de você."

"Então, você acha que foi por causa de um anel?", perguntou Peter.

"Bem, de modo indireto, é claro. O anel foi um gatilho que disparou o processo e me ensinou algumas coisas a meu respeito. Eu não percebia o medo que eu tinha de assumir um relacionamento até que cheguei aqui. A verdade é que agora eu me sinto muito melhor, e tão logo eu receba o anel, o meu retiro estará terminado."

"Por que você não entra um instante?", disse Peter. "Quero lhe mostrar uma coisa."

Ele me levou por trás do balcão para um pequeno cômodo nos fundos da sala. No canto, havia uma grande mesa com luzes e ferramentas, e diversos pequenos recipientes cheios de diamantes e jóias.

"É aqui que o meu irmão passa a maior parte do tempo", disse ele, "fazendo todas as jóias que você vê lá fora nos estojos. Eu vendo o que ele faz. E tem funcionado muito bem assim. Mas é aqui, na sala dos fundos, que a mágica acontece. É aqui que os sonhos se realizam. As pessoas entram na loja com uma idéia, algo que têm em mente, pouco mais do que um pensamento, e então o meu irmão tem de transformar esse pensamento num anel, num colar ou no que quer que seja.

"Quando você e sua noiva chegaram aqui, sabiam que queriam um anel para simbolizar o seu compromisso e o seu amor. Então seu desejo veio para cá, para a sala dos fundos, onde os diamantes são colocados em uma determinada ordem e incrustados em ouro e, então, finalmente amanhã ele voltará para a loja, onde você poderá finalmente ver se está a seu gosto."

"Funciona como o consciente e o inconsciente?", perguntei a ele.

"De certo modo, sim. Você tinha todo aquele medo dentro de si, mas ele não era consciente até que a encomenda do anel foi para o 'quarto dos fundos'. Enquanto meu irmão está fazendo o seu anel, você fica andando pelo shopping center colocando em ordem todos os medos e preocupações. Mas o anel está quase pronto, bem como as suas lições. Elas vêm se desenvolvendo no seu inconsciente até que você esteja preparado. Mais um dia, e terá terminado."

"Você quer dizer que terá terminado para mim."

"Não, você jamais terá terminado. Nós nunca chegaremos ao fim. Apenas passamos para lições mais elevadas, para diamantes mais brilhantes."

"Sabe, aquilo de que mais gosto neste shopping center é que cada loja tem uma lição própria para ensinar. Afinal, onde você conseguiu obter tanta sabedoria?"

"Na Califórnia."

"Califórnia?"

"Sim, eu morei em Berkley quando era criança; depois a família mudou-se para o Canadá. Ali recebi aulas, principalmente de filosofia e, como sabe, a vida nos ensina muitas lições. A Califórnia é ótima nisso."

"Eu sei... Moro lá atualmente."

"Então você sabe mesmo. Eis aqui algo para você refletir: o que você realmente teme, na minha opinião, é perder a sua independência. É isso que o anel simboliza. Mas quando se pensa nisso, não é a independência que nos proporciona liberdade, mas a dependência."

"O que você quer dizer?"

"Quando vivia nos Estados Unidos, estudei a Declaração de Independência, o documento que cortou os laços de seu país com a Inglaterra. Isso deve ser ótimo para um país, mas as pessoas não têm como objetivo viverem sozinhas ou independentes. O desenvolvimento ocorre quando nós aprendemos a depender um do outro, e quando eles dependem de nós. Temos de nos apoiar mutuamente, e é assim que acabamos sendo também apoiados. Como você vê, isso funciona de ambas as partes."

"Então, precisamos fazer uma Declaração de Dependência", disse eu.

"É o que você está fazendo ao comprar esse anel. E todas as lições que está aprendendo são como colocar os diamantes numa série ordenada. No final, você terá uma bela peça de joalheria."

"É uma metáfora e tanto!"

"Na verdade, é mais que uma metáfora", prosseguiu ele. "É o que a vida significa."

"Um passo à frente", acrescentei. "Quando aprendemos a depender um do outro, estamos dando um passo a mais para a dependência de Deus."

"Isso faz sentido."

"Pode-se dizer que declaramos a nossa independência em relação a Deus, mas agora estamos aprendendo a mudar de atitude e a estabelecer um novo contato. Quando dependemos de Deus para tudo, então tudo nos pertence."

"Mais ou menos como o diamante central de um anel", disse Peter.

"Com você, tudo retorna aos diamantes, não é?", perguntei.

"É isso que eu conheço, mas se aplica ao mundo real."

"Acho que esse é o segredo: que utilizemos tudo isso para aprender a respeito de nós mesmos."

❖ ❖ ❖

Na área central do shopping estavam sendo dados os últimos retoques na residência temporária de Papai Noel, a pequenina aldeia na qual a alegria dos feriados ressurgia a cada ano por volta do Dia de Ação de Graças. Eu observava o rosto das crianças quando elas passavam, olhares de expectativa e admiração. Dentro de mais alguns dias ele estaria ali, diziam as mães... Então as crianças poderiam dizer a Papai Noel tudo o que queriam. Se a vida pudesse ter guardado essa simplicidade, que maravilha! Muitas vezes o meu desejo era ter continuado a acreditar no Papai Noel.

• 7ª LIÇÃO: A DECLARAÇÃO DE DEPENDÊNCIA •

Lembro-me de quando minha filha Ângela estava com cerca de três anos de idade e pediram que eu me vestisse de Papai Noel numa tarde de sábado. O homem que havia sido contratado para esse trabalho estava doente e o meu amigo, que gerenciava o shopping center, achava que seria uma experiência divertida para mim. Tenho de admitir que a expectativa estimulou o meu interesse, e, antes que eu me desse conta disso, estava vestido e pronto para partir, carregando um grande saco cheio de barras de doces e com uma saudável gargalhada: "Ho, Ho, Ho."

Telefonei para Linda, minha ex-esposa, e pedi a ela que levasse Ângela à loja para conversar com Papai Noel. Ela não falava de outra coisa nas últimas semanas, e sua lista de pedidos já aumentara consideravelmente. Não seria ótimo ter uma fotografia de Ângela com o "Querido Papai Noel", disse eu a Linda, para ela lembrar, anos mais tarde, quando tivesse idade suficiente para compreender? Esse parecia um ótimo plano, mas terminou me ensinando uma lição muito valiosa, que se prolongou muito além da barba branca e da roupa vermelha que eu estava usando.

Eu estava sentado em uma cadeira, cercado por crianças, quando vi Ângela e Linda entrarem na loja. Ângela parecia um coelhinho assustado, agarrada à mão da mãe, como se o fato de largá-la a deixasse exposta a algum acidente trágico e imprevisto. Mas o "Querido Papai Noel" sabia exatamente do que ela necessitava. Tão logo ela me viu ali sentado, disfarçado como o grande distribuidor de presentes no Natal, ela não se conteve e correu na minha direção com os braços abertos.

Levantei-me da minha enorme cadeira, olhei para minha filha, e disse numa voz trovejante: "Ho, Ho, Ho! Alô, Ângela!"

Eu não poderia ter ficado mais surpreso com a reação dela. Ela deixou escapar um grito que pôde ser ouvido de um lado a outro da imensa loja. Linda não sabia o que fazer e estava tão surpresa quanto eu. Ângela enterrou o rosto na saia da mãe e parecia absolutamente aterrorizada. O que quer que acontecesse a partir daí, ela não estava interessada em dar mais nenhum passo em direção àquele amedrontador homem de barbas brancas, embora tivesse ido até lá com o propósito de vê-lo.

Depois de cerca de um minuto dessa situação, que naturalmente havia atraído a atenção de praticamente todas as pessoas que estavam na loja, decidi tomar uma atitude. Eu não sabia se seria a atitude mais correta de minha parte, mas algo tinha de ser feito. O rosto de Ângela ainda estava enterrado na saia de Linda, e ela não podia me ver quando deixei minha posição anterior e me aproximei dela. Quando ela finalmente se voltou e me viu ali em pé, quase desmaiou. Sua boca se abriu totalmente e seu grito foi tão forte que nenhum som foi emitido. Esse era o momento da verdade, compreendi. Ou agiríamos para reparar a situação ou ela ficaria marcada para sempre.

Fiquei de joelhos diante dela. Então, fiz o possível para que ela olhasse para mim, mesmo que fosse por alguns segundos. Era tudo de que eu precisava, pois sabia qual seria a minha próxima atitude. Ela finalmente abriu os olhos e lançou corajosamente um olhar na minha direção. Nossos olhos se encontraram, e quando isso aconteceu, entrei em ação. Puxei a barba para baixo, olhei para ela com simpatia e disse: "Ângela, é só o papai."

Pude sentir as minúsculas engrenagens girando em seu cérebro. Aquela informação não se ajustava, e não havia nenhuma maneira de poupar sua mente do que ela acabara de ouvir: "Papai é o Papai Noel? Papai Noel é o papai?" Mas depois seus olhos brilharam e pude ver que ela compreendera. "É só o papai. Eu não preciso ter medo do papai. O papai me ama." O medo havia desaparecido e tudo estava bem.

Sentado ali naquele shopping, observando a aldeia de Papai Noel sendo construída, pude ver o paralelo entre essa história e minha conversa com Peter. Não importa o que dizemos ou quão longa a nossa lista de pedidos possa se tornar: temos de temer a Deus. A maioria de nós foi educada com imagens do "Grande Pai que está no Céu", que mais se assemelha a Papai Noel do que ao Ser Supremo. Falamos a respeito de Deus, vamos à igreja e rezamos, mas na realidade só quando declaramos a nossa dependência é que enfrentamos o medo. Temermos ter feito algo errado ao nos desviarmos, e acreditamos que vamos ser punidos por essa ofensa. Isso acontece até que a barba é retirada e compreendemos que, afinal, não há nada a temer. Então podemos relaxar e nos tornar dependentes outra vez, exatamente como uma criancinha. E é aí que a vida começa.

Mais uma vez, Peter estava com a razão.

8ª Lição

Não é preciso trocar nada

Eu já estava no quarto dia do meu retiro no shopping center e desejava ter tempo suficiente para refletir sobre as inúmeras lições que havia aprendido. Entrei naqueles sagrados corredores como um noviço e sairia dali muito mais experiente, se não mais sábio. Quem imaginaria que se pudesse encontrar iluminação naquela agitação comercial? Mais do que qualquer outra coisa, eu havia aprendido que as situações e os lugares a que mais nos opomos são os que geralmente oferecem o maior legado. Ter uma experiência espiritual no estreito confinamento de um retiro tradicional seria gratificante, mas eu parecia ter deparado com algo mais grandioso, mais real do que jamais poderia ter imaginado. Cada lição estava gravada no rosto das pessoas que eu encontrava. Eu estivera separado dessas pessoas, como se elas vivessem em um mundo totalmente diferente. Agora eu compreendia que somos iguais nos elementos essenciais que Deus valoriza. Compreendia que todos os meus erros juntos não eram, nem de perto, tão poderosos quanto o

8ª LIÇÃO: NÃO É PRECISO TROCAR NADA

amor de Deus por mim. Já havia até aprendido os benefícios do Egoísmo Espiritual e da Declaração de Dependência. Quantas lições num período de tempo tão curto e num lugar tão estranho! Pude absorvê-las por causa da decisão que tomei de ver a mim mesmo como um ser perfeito. Todas as pessoas que encontro passam a ser influenciadas e eu as levo comigo.

Decidi aproveitar a oportunidade para dar uma olhada nas coisas que desejava comprar para o Natal. Isso, naturalmente, é o equivalente às finais de um campeonato de futebol em qualquer shopping center. As lojas são preparadas e decoradas, tudo para cobrar ingressos do público de torcedores dos grandes times. Quando chegar janeiro, o movimento vai diminuir e o entusiasmo bem-intencionado terá passado; assim elas precisam tirar proveito disso enquanto podem. O ambiente estava calmo e tranqüilo, mas eu podia sentir uma eletricidade no ar, como se houvesse fios ligados nas costas de todos os que ali estavam, abastecendo-os com uma energia invisível. As pessoas se movimentavam de uma loja para outra, como brinquedos de corda, e havia ainda o odor característico do Natal que flutuava no ar como um agradável incenso.

Eu já gastara o dinheiro canadense que trazia comigo e decidi ir à agência bancária, junto à entrada do shopping, para trocar mais alguns dólares norte-americanos. Fiquei na fila e pude sentir que alguma coisa mudava no meu interior, como se outra maneira de ver as coisas estivesse prestes a entrar na minha vida, outra lição maravilhosa a ser colocada nos sapatinhos postos na janela na véspera de Natal.

Olhei à minha volta, tentando antecipar a sua aproximação, mas o solene grupo ao meu redor oferecia-me pouca inspiração. Em minutos, a fila avançou e chegou a minha vez de ser atendido.

"Eu gostaria de trocar 100 dólares norte-americanos por dólares canadenses", disse eu ao jovem que se encontrava atrás do balcão.

"Sem problemas", disse ele enquanto pegava as notas de minha mão e começava a digitar no teclado do seu computador. Esperei pacientemente até que ele terminasse a operação e a impressora fornecesse os formulários para assinar. "Pode assinar aqui, por favor?", disse ele, apontando para a linha.

"É claro", respondi, e em seguida assinei. Ele então fechou a grade do guichê, como se estivesse confuso, como se não soubesse o que fazer. Eu já havia presenciado isso anteriormente. Às vezes o câmbio não é exato e o caixa pergunta se você tem algum dinheiro trocado para facilitar o câmbio. Sem esperar pela pergunta dele, ofereci: "Você precisa de trocado?"

"Não, não!", disse ele. *"Não é preciso trocar nada."*

Foi como se a sala ficasse vazia e eu fosse atirado para dentro de um sonho. Essas palavras, essa observação repentina, atingiram-me diretamente entre os olhos e fizeram-me ir pelos ares. Obviamente, eu sabia o que ele queria dizer, mas havia também um significado mais profundo, e foi isso que atraiu a minha atenção.

"O que foi que você disse?", perguntei-lhe.

"Eu disse que não é preciso trocar nada. Eu estava apenas procurando uma coisa no guichê, mas agora já a encontrei."

• 8ª LIÇÃO: NÃO É PRECISO TROCAR NADA •

"Você tem certeza?", perguntei. "Nada precisa ser trocado.... será que isso pode ser verdade?"

Ele me olhou entre perplexo e surpreso pelo que eu estava dizendo. "Do que está falando, senhor?"

"A respeito de troca... Você disse que nada precisava ser trocado. Não acha isso surpreendente?"

"Por que seria?"

"Porque nós somos perfeitos exatamente como somos. Certo? Não precisamos mudar... precisamos apenas reconhecer quem realmente somos. Sempre pensamos que precisamos mudar... mas isso não é verdade. É isso o que você está dizendo... tenho certeza."

"Desculpe, mas há outras pessoas na fila. Há algo mais que eu possa fazer pelo senhor?"

"É claro que não. Você já fez mais do que pode imaginar. Você é igual a esse Papai Noel universal que me deu exatamente o que eu precisava."

"Isso é ótimo, senhor, mas..."

"Oh, não se preocupe, estou indo embora. Eu só queria que você soubesse... Bem, não tem importância."

Saí do banco e entrei no shopping. A oitava lição havia surgido repentinamente.

❖ ❖ ❖

Voltei à praça de alimentação e fiquei perto do elevador, onde podia ler o aviso: "Troco disponível na recepção." Lembrei-me da cena que protagonizara no primeiro dia do meu retiro, quando confiei na literalidade dessa informação. Ela quase ocasionara a minha expulsão, mas agora era diferente. Eu estava me aproximando do final do quarto dia, e minha percepção da realidade, através de uma súbita compreensão espiritual ocorrida no banco, obrigava-me a seguir em frente.

Mas certamente eu não cometeria o mesmo erro de me precipitar, agindo sem ter um plano. Permaneci de costas para a recepção, escondido por diversas árvores artificiais que me faziam sentir como um esquilo ou um guaxinim confuso, e esperei o momento certo. O guarda de segurança meu amigo estava em pé junto ao balcão da recepção, exatamente como estivera na segunda-feira, e eu podia sentir a minha respiração acelerar-se de modo rápido e violento. Seria essa a percepção intuitiva final que eu aprenderia antes de ser permanentemente afastado do meu retiro? Ou havia um poder mais profundo em ação, um poder que me protegeria do meu fervor exacerbado? Ainda havia tempo para voltar atrás e buscar uma outra lição em outra área do shopping center, mas eu sabia que não o faria. Chegara a hora de arriscar tudo, de sair do limbo para o mais distante possível. De que outro modo eu aprenderia a minha lição se não através do perigo e do risco?

Foi então que surgiu a minha grande oportunidade. O guarda acenou com a cabeça para a mulher atrás do balcão, segurou com firmeza o cassetete e afastou-se. Ele caminhava em direção ao outro extremo do shopping para marcar sua presença no local. Tomei isso como um sinal para entrar em ação. Sozinha, a mulher não apresentava nenhum problema, mesmo que eu decidisse retomar o assunto. De uma maneira ou de outra, eu aprenderia tudo o que pudesse a respeito de mudança, e sobre o fato de que nenhuma troca era necessária.

Era uma mulher diferente daquela que eu havia encontrado dias antes. Seus olhos esquadrinhavam a multidão, em busca de alguém que pudesse precisar de sua ajuda. Quando eu me encontrava a poucos passos de distância de sua mesa de trabalho, nossos olhos se encontraram e seu sorriso se ampliou.

"Olá, e Boas-Festas", disse-me ela sorrindo. "Posso ajudá-lo em alguma coisa?"

Sua excitação me pegou de surpresa e todo o meu medo desapareceu. Pude sentir que ela era muitíssimo semelhante a mim, usando a esfera da atividade humana para expressar algo mais profundo do que o normal, ou para aprender algo mais profundo a respeito de si mesma. Retribuí-lhe o sorriso e me aproximei da mesa.

"Sim", disse-lhe eu. "Eu gostaria de saber a sua opinião a respeito de uma coisa. Você fica aqui sentada o dia inteiro, observando e ajudando as pessoas. Você acredita que há alguma coisa que seja igual em todas elas, ou que transcenda suas diferenças? Eu sei que é uma pergunta estranha, mas eu estava..."

"Não, não é estranha, de maneira nenhuma", disse ela. "Bem, talvez um pouco, mas não se preocupe. Gosto do meu trabalho porque consigo encontrar muitas pessoas agradáveis, mesmo quando elas não o são. Digo sempre às pessoas que elas são muito interessantes, mesmo que não sejam nem um pouco interessantes."

"O que você quer dizer?"

"Bem, é claro que as pessoas vêm até aqui quando estão perturbadas ou perdidas, mas eu tento observar o que existe naquele tranqüilo lugar que existe no interior de cada uma delas... Bem, eu preciso ouvir a mim mesma antes de dizer essas coisas. Por isso, você deve achar que sou maluca."

Não, você não é louca, pensei. "Na verdade, você está dizendo exatamente aquilo que eu queria ouvir", disse eu. "Então você acha que existe algo dentro de nós que não pode mudar, que não precisa mudar, e que é isso que nos une, mesmo que não tenhamos consciência disso?"

"Essa é uma ótima maneira de apresentar a questão. Pode me chamar de antiquada, mas eu acho que as pessoas são essencialmente boas, mesmo quando não agem como tal. Naturalmente, todos nós fazemos coisas das quais não nos orgulhamos, e todos nós temos remorsos mas, a despeito de tudo isso, não precisamos mudar em nada, porque Deus nos ama do jeito que somos."

"Você realmente acredita nisso?"

"Acredito, sim. Para dizer a verdade, eu não preciso deste emprego. Eu o aceitei porque ele me dá a oportunidade de sorrir para as pessoas e de dizer a elas como elas são maravilhosas. Aposentei-me do magistério há cerca de quatro anos, e desde então é isto o que eu faço na minha aposentadoria."

"Que série você ensinava?"

"Eu dava aulas para a sétima série; portanto, eu sei muito bem os absurdos que aconteciam. Você se lembra de quando estava na sétima série?"

• 8ª LIÇÃO: NÃO É PRECISO TROCAR NADA •

"É difícil esquecer. Era jogo duro."

"Mas olhe para você, agora", prosseguiu ela. "Você é uma pessoa bem-educada e escreve livros."

"Como você sabe que sou escritor?"

"O guarda da segurança me disse que havia um escritor fazendo pesquisas no shopping, e quando você começou a fazer perguntas inusitadas... bem, aliei uma coisa à outra."

"Eu quisera tê-la encontrado há alguns dias", disse eu.

"Por quê?"

"Porque eu poderia ter usado a sua maneira de ver as coisas desde os primeiros dias."

"Nós nos encontramos exatamente quando devíamos nos encontrar. Eu não mudaria nada."

"Você tem certeza disso?", perguntei.

"Absoluta."

❖ ❖ ❖

Atravessei novamente a praça de alimentação e passei pela oficina do Homem dos Sapatos. Ele estava ocupado, engraxando um par de sapatos pretos, mas ergueu os olhos para mim e sorriu. Retribuí o sorriso e acenei com a mão. Depois ele voltou ao trabalho e continuou a engraxar os sapatos até ver o seu rosto refletido neles.

Saí para fazer o mesmo com a minha alma.

9ª Lição

Deus é antes de tudo comum

ÚLTIMO DIA

Sentei-me no meu banco habitual na praça de alimentação, bebendo aos poucos uma xícara de café e observando os dois homens como um detetive. Ninguém saberia que eu estava ali ou que os examinava de uma maneira tão intensa. Se a cena não fosse tão estranha, tão surrealista, eu teria olhado para outro lugar, mas era de tal modo fascinante que eu não pude deixar de observá-la.

Sentado em um banco ao meu lado estava um homem idoso com cabelos brancos e uma cerrada barba branca. Mesmo se não tivesse uma estatueta de trinta centímetros de Papai Noel colocada sobre a mesa à sua frente, ainda assim ele seria confundido com o alegre distribuidor de presentes. Do lado contrário ao qual eu me achava, na área aberta no centro do shopping, o "outro" Papai Noel estava sentado em sua enorme cadeira vermelha, cumprimentando as crianças e distribuindo barras de chocolate. Era óbvio que a saída da "Aldeia de Papai Noel" levava diretamente

• 9ª LIÇÃO: DEUS É ANTES DE TUDO COMUM •

para dentro da praça de alimentação, onde o homem ao meu lado estava sentado com sua estatueta. Eu podia ver a perplexidade nos olhos das crianças quando se afastavam do Papai Noel tradicional e se aproximavam do Noel "à paisana". E então ele deu uma risada, uma gargalhada de Papai Noel, só que em voz baixa, e subitamente a estatueta ganhou vida. Todos olharam encantados enquanto ela executava uma pequena dança, seu traseiro movendo-se de um lado para outro e a cintura movendo-se para cima e para baixo, como se ela estivesse, bem... cheia de geléia.

Se eu ainda fosse criança, um encontro como esse teria confundido a minha cabeça de modo indescritível. A criança penetra num reino onde o que existe é algodão em vez de neve, plástico com luzes suspensas em vez de pingentes de gelo, e mandam-na sentar no colo de Papai Noel. Não é de admirar que a minha filha tenha ficado tão traumatizada. Imagine então sair daquela aldeia e caminhar diretamente para uma outra versão da mesma realidade, diferente, talvez até distorcida, porém mais real que a outra. Retire a estatueta que balança o traseiro e você ficará apenas com um Papai Noel real, que é um pouco mais do que uma pessoa comum.

Que lição eu posso tirar disso?, pensei. Se o meu retiro me ensinou alguma coisa foi a de descobrir o Divino através do comum, não do extraordinário. Passamos tanto tempo na expectativa de acontecimentos inesperados, que em geral deixamos Deus passar despercebido, bem debaixo do nosso nariz. O brilho e o *glamour* realmente nos tornam cegos para o que é essencial. E ficamos com a tendência de preferir o imaginário ao real. As crianças formaram uma fila em frente da aldeia do Papai Noel e sentam-se orgulhosamente no colo do velhinho enquanto repetem listas de "eu quero isto" ou "eu quero aquilo". Enquanto isso, o verdadeiro Papai Noel permanece sentado a alguns metros de distância, sorrindo, pondo para dançar sua miniatura e confundindo as crianças mais velhas como eu.

Eu queria dizer algo ao verdadeiro Papai Noel, mas preferi não fazê-lo. Ele estava se divertindo, erguendo as sobrancelhas com sua gargalhada alta e pondo a sua miniatura para dançar. Deixe-o divertir-se, disse para mim mesmo. Papai Noel merece um sorriso de vez em quando.

"O que há de novo, Escritor?"

Voltei-me e vi a Garota Atualizada da loja de discos caminhando na minha direção e, antes que eu desse por isso, ela estava sentada no banco à minha frente, fitando os meus olhos.

"Como você sabe que sou um escritor?", perguntei a ela. "Não me diga, foi o guarda de segurança, não foi?"

"Isso mesmo. Ele está dizendo a todo mundo que um famoso escritor está aqui no shopping para escrever um livro, e fazendo todo tipo de perguntas malucas. Eu soube imediatamente que era você. Portanto, diga-me: estou no seu livro? Há espaço nele para uma deslumbrante e perspicaz vendedora que aprecia muitíssimo a música?"

"Pode ser", disse eu. "Sem saber, você me ajudou muito com seus conhecimentos."

"Ah, mas eu sabia."

"Como?"

"Posso ser jovem, mas isso não quer dizer que eu seja tola."

"Claro que não."

"Meus amigos sempre vêm me procurar com algum problema, e eu sempre tenho algo a dizer a eles."

"Isso ajuda?"

"É claro que ajuda, principalmente quando os problemas dizem respeito à música... o que não acontece com muita freqüência."

"Suponho que não."

"Então me diga: quem mais está no seu livro? Você está, por assim dizer, andando pelo shopping center, escrevendo a respeito das pessoas que você encontra e sobre as fofocas que ouve?"

"Mais ou menos isso, mas não há muita fofoca."

"Então você não está ouvindo direito, pois há muita fofoca neste shopping."

"A maior parte do tempo estou ouvindo pessoas, pessoas comuns, e aprendendo lições extraordinárias a respeito delas."

"Isso parece um bocado chato."

"Não é, não. Na verdade, estou descobrindo todo um oceano de oportunidades naquilo que é aparentemente comum. Você, por exemplo..."

"Pode parar por aí, que eu não sou nada comum."

"Concordo, mas, deixando de lado as pequenas e encantadoras diferenças, somos todos iguais. Estou aprendendo a me concentrar nessa similaridade e a torná-la mais importante do que as diferenças. Este shopping é o lugar perfeito para fazer isso. Aqui há muitos tipos diferentes de pessoas, e é tentador pensar que somos todos verdadeiramente únicos. Mas, no final, todos desejamos as mesmas coisas na nossa vida. Todos desejamos amar e ser amados, descobrir o que está por baixo de todas essas camadas de diferenças superficiais."

"Então, é um livro sobre filosofia. Parece emocionante."

"Não, não é sobre filosofia... de certa maneira, é mais profundo do que isso. É sobre a vida comum, e sobre a descoberta do sagrado que existe nela."

"Então é um livro a respeito de Deus?"

"Mais ou menos... sobre a descoberta de Deus em toda parte."

"Até num shopping center?"

"Principalmente num shopping center. Foi onde conheci você e muitos outros. Quanto mais converso com vocês, mais aprendo a respeito de mim mesmo. Acho que essa é a verdadeira razão pela qual estou aqui: aprender a respeito de mim mesmo. Sou muito comum, mas sou também fora do comum, exatamente como você."

"Então, quando vou ler essa obra-prima?"

"Quem sabe?"

"O que você quer dizer?"

"Não sei ao certo. Acho que teremos de esperar para ver como a história termina."

"E de que modo ela começou?"

"Ela começou com uma grande preocupação; mas isso agora parece já ter sido resolvido. Espero que amanhã eu tenha em mãos o que vim buscar."

9ª LIÇÃO: DEUS É ANTES DE TUDO COMUM

"E o que foi?"

"Um anel... pelo menos é isso o que ele é materialmente. Na realidade, o anel apenas me representa. Tudo no mundo representa a mim... ou a você. Essa é a beleza da vida."

"Não sei se estou entendendo", disse ela. "Você começou tudo isso por causa de um anel... o livro e tudo mais? É um anel comum?"

"Não exatamente", disse-lhe eu. "É um anel de noivado."

"Ah, entendo. Então não é nem um pouco comum. Mas pensei que você havia dito..."

"Sim, eu sei o que eu disse... e foram as cintilações do anel que me ensinaram essa lição. Vim aqui para comprar algo incomum, mas a extraordinária dádiva que estou levando comigo é antes de tudo comum. Estou levando comigo uma grande estima por aquilo que eu tenho, não pelo que eu desejo. Tenho tudo de que necessito para ser feliz. Pensei que um anel, ou um casamento, pudesse me proporcionar felicidade."

"E não pode?"

"Não, ele não pode. Nada pode. Mas podemos descobrir onde ela está."

"E onde está?"

"Nos nossos relacionamentos comuns", disse eu, "seja com minha noiva ou com você. É óbvio que eu não a conheço tão bem como conheço a minha noiva... e nem preciso. Mas a minha estima por você pode ser a mesma; eu a estimo exatamente por ser a pessoa que é... e pela forma como você vive a sua vida. Entende?"

"Na verdade, não... bem, talvez um pouco. Então, é a respeito disso que você está escrevendo?"

"Sim, acho que sim."

"Bem, boa sorte com o seu livro", disse ela enquanto se levantava para ir embora. "Quem sabe, talvez ele venha a se tornar um *best seller*, e todo o mundo saberá o quanto eu sou comum."

"Não seria uma felicidade para todos nós?"

"E você poderá ir de shopping center em shopping center, escrevendo a respeito de todas as garotas comuns atualizadas em discos que encontrar."

"Duvido."

"Por que não?"

"Meu retiro está praticamente terminando."

"Retiro?"

"Sim... é uma longa história, mas é como estou escrevendo... não importa. Isso parece uma loucura."

"Seja o que for, só quero os direitos autorais sobre a minha personagem."

"Prometo que não vou usar o seu nome."

"E roubar a minha chance de ser famosa? Pensando bem, é melhor não. Chame-me apenas de Garota Atualizada em Discos."

"Eu já a chamo assim."

10ª Lição

O amor supera tudo

Era sexta-feira à tarde, as horas finais do meu retiro no shopping center. Como eu havia mudado em cinco dias, refleti, enquanto caminhava pelo longo corredor, olhando as lojas que agora me pareciam tão familiares! Que inspiração fora aquela que me conduziu a essa situação, de modo que até mesmo um shopping center pudesse ser considerado um lar, o lugar onde profundas percepções espirituais podiam ser descobertas e conservadas na memória?

O medo que eu sentira ao entrar ali pela primeira vez havia quase desaparecido, substituído por uma calma sensação que nada tinha a ver com as barulhentas aglomerações e as pessoas ansiosas que faziam compras para o Natal. A sensação não estava ligada a essas coisas, repleta de um intenso bem-estar que ninguém mais podia perceber, mas que eu certamente podia sentir. Talvez fosse mais que uma sensação — uma experiência mais profunda, que eu jamais poderia explicar. O que quer que fosse, eu me sentia renovado, exatamente como uma pessoa deveria se sentir ao final de um retiro, e sabia que havia conseguido aquilo que eu viera tentar alcançar naquele lugar.

Passei quase uma hora perambulando lentamente pelo shopping, por todas as lojas de departamentos e outros estabelecimentos comerciais. Eu olhava para as pessoas pelas quais passava e tentava ver nelas o que eu estava sentindo. E em cada olhar que eu fitava havia um clarão de vida que refletia a minha alegria, e as lições pareciam vir à luz através de um brilhante foco vindo do meu coração, irradiando-se para todas as pessoas que já tenham existido. O tempo parecia estar se diluindo à minha volta, e eu não podia mais dizer onde eu acabava e os outros começavam. Exatamente ali, no meio do shopping, de todos os lugares, eu sentia como se estivesse unido a todo o universo, e tudo parecia fazer mais sentido. Não havia sido um anel que eu viera procurar, mas a mim mesmo através daquelas pessoas. Quem poderia imaginar que eu conseguiria tanto num lugar tão improvável?

Antes que eu desse por mim, estava em pé diante da loja de consertos de sapatos, e vi o meu amigo, o Homem dos Sapatos, fitando-me silenciosamente. Caminhei para mais perto dele e seu sorriso não se desvanecia. Parecia que ele se tornava maior e mais importante à medida que dele me aproximava. E subitamente compreendi como havia sido essencial o seu papel naqueles cinco dias enquanto eu buscava respostas.

"Você compreende agora?", perguntou ele, enquanto eu me aproximava do balcão.

"Se eu compreendo? Sim, acho que sim. Acho que finalmente compreendo."

• 10ª LIÇÃO: O AMOR SUPERA TUDO •

"Diga-me o que é que você compreende, e nós dois aprenderemos o que um shopping center como este pode nos oferecer."

Era como se ele fosse um homem diferente, eu o estava vendo de uma maneira que não havia visto antes. Sua fantasia parecia ter caído no chão e ele não era mais o Homem dos Sapatos que eu achava que era. Seus olhos se assemelhavam a esferas cintilantes que não eram absolutamente olhos, mas universos totais. Eu sei como isso parece estranho, e não sei se ele havia mudado ou eu. Talvez eu tivesse sido lançado a um nível diferente de percepção e estivesse vendo pela primeira vez o que sempre estivera presente. Compreendi subitamente que o meu retiro estava completo e estava quase na hora de ir embora.

"Olho para todos os lados deste lugar onde, uma semana atrás, não via nada senão balbúrdia", disse eu, "mas agora tudo é diferente. O senhor, por exemplo... o senhor parece uma pessoa diferente, como se fosse um Mestre Zen ou algo semelhante." Ele não disse uma palavra; apenas mantinha os olhos fechados, o que me dizia que eu tinha acertado o alvo.

"Isso é verdade? O senhor é realmente um mestre disfarçado em remendão? Por que não vi isso antes? É tão óbvio."

"Você ainda não me disse o que aprendeu", disse ele.

"O senhor quer dizer o que estou aprendendo... neste exato momento... Nada é o que parece ser, não é? Cheguei aqui com todo aquele medo, mas descobri algo muito mais importante do que eu achava possível. A verdade está em todos os lugares, em todas as pessoas, especialmente nos lugares e nas pessoas nos quais não queremos que ela esteja. Decidi fazer um retiro aqui porque não gostava de shopping centers. Agora estou vendo Deus em todos os lugares para onde olho."

"E foi o shopping center que mudou ou foi você?"

"O shopping não mudou, isso é óbvio. Muitas das mesmas pessoas ainda estão aqui, como o senhor, mas eu as estou vendo através de novos olhos. O senhor não mudou, não é verdade? O senhor ainda está consertando sapatos, como fazia há cinco dias, sorrindo para todas as pessoas cujos olhos encontram os seus e difundindo fragmentos de sabedoria para quem quer que o esteja escutando. Mesmo que eu não tenha mudado, a maneira como estou vendo as coisas mudou. Eu estou vendo o que sempre esteve aqui, mas para o qual eu estava totalmente cego."

"Para o que você estava cego?", ele perguntou, enquanto pegava um sapato e o lustrava com um pano.

"Acho que estava cego para o amor. Eu dizia que há alguns lugares, como este shopping center, nos quais é difícil encontrá-lo. Mas não é, não. Ele sempre esteve aqui. Tive apenas de abrir os olhos e vê-lo. Nem mesmo importa como o amor aparece, porque ele nunca é igual. Mas essa é a verdadeira lição — que o amor está sempre presente, mesmo quando não parece estar."

"E então..."

"E então o quê?", perguntei.

"E agora? Para onde você vai ao sair daqui?"

Tive de parar e pensar a respeito disso. Era hora de ir embora? Era isso o que aquele homem estava perguntando?

10ª LIÇÃO: O AMOR SUPERA TUDO

E se fosse, para onde eu iria? Talvez não importasse realmente para onde eu fosse, mas que eu tivesse aprendido a lição e a aplicasse em toda parte, quer estivesse em um shopping center ou sentado sozinho no meu quarto. O amor, afinal, transcende as definições e é inerente a qualquer situação. Se eu necessitasse de amor mais do que tudo, então eu o encontraria aonde quer que eu fosse.

"A lugar nenhum", disse-lhe eu. "Não vou absolutamente para lugar nenhum, porque essa foi a única e verdadeira lição que vim aprender. O amor é a única meta, e nós atingimos essa meta penetrando no nosso medo e permitindo que ele seja transformado pelo amor. Assim, não precisamos ir a parte alguma. É claro que sairei deste shopping center e viajarei para onde preciso viajar, mas isso não tem importância. Meu coração ficará exatamente onde está agora."

"Então o amor é a única solução", disse ele. "Você passou uma semana lustrando a sua alma do mesmo modo que lustrei este sapato, e agora pode ver de uma maneira muito mais clara."

"Exatamente. Eu estava apenas um pouco embotado quando cheguei aqui. Mas agora isso mudou, graças ao senhor e a todas as outras pessoas que conheci."

"Eu não fiz nada. Sou apenas um simples remendão."

"Sim, o senhor é um remendão, e isso é tudo o que precisa ser. É por isso que a lição funciona tão bem."

❖ ❖ ❖

Havia ainda uma última coisa a fazer antes que o meu retiro chegasse ao fim: eu devia sair de lá com o meu anel de noivado e sentir total satisfação ao recebê-lo; do contrário, meu principal objetivo não teria sido atingido. Essa fora a razão de ter iniciado a odisséia, e sair prematuramente seria um suplício que eu não poderia suportar. Todas as lições e ensinamentos dependiam disso; assim, eu precisava de uma demonstração final para provar que eu havia realmente superado o meu medo.

Subi pelo elevador e fiquei a alguns passos de distância da joalheria Raffi. Eu respirava com dificuldade e sentia o meu coração bater aceleradamente. Era o episódio final, o clímax dos cinco dias de reflexão e de auto-observação. Eu aprendera muito, mas o anel era, por assim dizer, um prêmio final, a coroa da vitória que permearia todas as lições.

Caminhei para dentro da loja.

"Olá", disse Peter quando me viu. "Tenho ótimas notícias para você."

Era um bom começo. Se ele não estivesse com o anel, teria dito imediatamente. O fato de ele estar caminhando na minha direção com um sorriso significava que eu escolhera corretamente a hora de ir até lá.

"Você está com o anel? Ele está pronto?", perguntei.

"Sim. Está pronto, mas há uma coisa que você precisa saber."

Eu não esperava por isso. Eu não precisava de nada mais para terminar minha busca. Que outro objetivo poderia haver senão aquele? Que bônus adicional eu ganhara dos dias de absoluta introspecção?

"Antes de tudo", ele continuou, "o anel está lindo. Sua noiva vai adorá-lo. Mas tivemos um pequeno problema quando estávamos tentando colocar os diamantes."

"Um problema?"

"Sim, os dedos de Siri Rishi são muito pequenos e parece que calculei mal quantos diamantes seriam necessários. Você encomendou um anel que simbolizasse o seu grande amor, com um círculo de brilhantes em torno dele. Quando os estávamos colocando, verificamos que havia uma falha, e de início não sabíamos o que fazer."

"Uma falha?"

"Sim, uma falha. Havia duas opções. Uma era simplesmente deixar a falha. Não seria um verdadeiro problema, uma vez que ela estaria na parte de trás. Ninguém iria notá-la."

"Uma falha?", perguntei outra vez.

"A outra opção foi a que escolhemos. Achamos que você gostaria mais dela. Colocamos um diamante extra grátis. Isso completou o círculo e agora ele está perfeito."

"Um diamante extra? Foi isso que vocês fizeram? Deram-me um diamante extra?"

"Há algum problema nisso?"

"Você não tem idéia do que isso significa", disse eu, ficando muito emocionado. "Isso é um sinal, um gesto final afirmando que o meu aprendizado está concluído. Significa que aprendi tudo o que vim aprender aqui."

"Acho que não entendi."

"É muito difícil explicar, mas é perfeito. Vim aqui comprar um anel, mas no fim recebi muito mais. E agora vocês me dão um diamante extra. Você não tem idéia do que isso significa para mim."

Peter olhou-me de um modo estranho, como se não tivesse certeza de, afinal de contas, ter feito a escolha certa. Então, abriu o armário, tirou uma pequena caixa e a abriu.

"Aqui está", disse ele enquanto me mostrava o anel. "Não está lindo?"

Tomei o anel na minha mão e observei os reflexos luminosos dos diamantes. Ele era realmente lindo, como um círculo de puro esplendor. De que outro sinal eu precisava para concluir o meu período de retiro no shopping center? Que final seria igual a esse, esse último momento no qual as lições e as percepções surgiam juntas como os diamantes no anel que eu segurava? Olhei para Peter e sorri.

"Sim... valeu a pena esperar", disse-lhe eu. "Você fez um excelente trabalho, Peter."

"Foi o meu irmão quem fez o anel. Nós somos uma equipe. Mas tudo isso valeu realmente quando vejo esse olhar no seu rosto. Como disse antes, 'ele não é um simples anel ou uma jóia; ele representa o amor'. O amor supera tudo porque, como esses diamantes, ele reflete a luz e ilumina todos os lugares escuros em que nos encontramos. Quando você entregar este anel a Siri Rishi, pense nisso. Sempre que duvidar do amor, pense nesse anel e no que ele representa. Então você se lembrará de fazer a mesma coisa — refletir o amor. Não é essa a verdadeira lição? Não é esse o verdadeiro motivo pelo qual você realmente está aqui?"

"Acho que você tem toda a razão", disse eu.

"Que outro motivo poderia haver?"

Agradecimentos

Eu gostaria de dedicar este livro a Siri Rishi, que me ensinou como viver o amor, não apenas a falar a respeito dele. Eu gostaria também de agradecer a todos os que me ajudaram a colocar estas idéias no papel — Sharon Williams, Stephanie Kern, Joanna Karl, Drayton Stevenson, Shirley Harvank, Gloria Kovcevich e Debbye Caughenour.